KB070422

대학생을 위한 진로교육 지침서

자기이해와 진로탐색

김희수 저

학지사

2판 머/리/말

인간이 행복하고 만족스러운 삶을 사는 데 있어서, 자신에게 맞는 진로를 선택하고 선택한 분야에서 만족스러운 직업 생활을 영위하는 것은 가장 중요한 변인 중 하나다. 특히 장기 경제 침체기를 맞고 있는 세계 경제 동향 속에서는 직업적 안정이 가장 중요한 변인 중 하나임에 틀림없다. 이러한 시대 상황 속에서 학생들이 진로상담을 통해 자신의 적성과 흥미에 맞는 직업을 선택하여 구체적으로 준비하고 취업하도록 도와주는 일은 학생지도의 영역 중 가장 실제적이고 중요한 영역이 된다.

여기서 진로(career)는 생애 · 경력 · 직업 등으로 해석되지만, 일반적으로 개인의 장래 · 미래에 대한 전망 등으로 인식된다. 또한 진로란 생애직업발달과 그 과정 내용을 가리키는 포괄적인 용어다. 사람들은 누구나 자신의 앞날이 어떻게 전개되고 이루어질 것인가에 대하여 고민하며, 현대사회의 급격한 변화는 사람들을 더욱 혼란에 빠뜨린다. 따라서 개인의 진로문제가 가장 중요한 이슈로 등장한 현대 산업사회에서 사람들이 생존하기 위해서는 지도자는 적합한 진로선택에 대해 관심을 가지고 지도하지 않을 수 없다.

특히 인간은 뚜렷한 목적의식을 가지고 이를 행동에 옮길 때 가장 효율적인 생산방식의 접근이 가능하다. 생애주기 변화로 인해 보다 긴 기간 동안 직업생활에 종사하게 된 현실에서, 지도자는 확고한 진로의식을 가지고 이를 기반으로 직업생활을 영위하도록 지도하는 것이 요구된다. 이러한 진로교육은 인간이 보다 질 높은 직업생활을 영위하게 하고, 나아가 인력 개발에 기여하여 국가경쟁력 향상에 도움을 준다.

이러한 의미에서 진로교육을 위해 다양한 노력을 기울이는 것은 매우 중요한 일이다. 진로교육을 위해서는 크게 자기 이해, 직업이해, 진로 결정, 취업 준비라는 4단계의 과정에서 각각 효율적인 교육이 수행되어야 한다. 즉, 직업적 성취를 위해서는 자기를 이해하여 자신에게 맞는 직업을 고려하되, 직업세계의 이해를 통해 전망 있는 직업을 파악하고 직무를 탐색한 후 진로 결정을 하는 것이 좋다. 그다음 단계에서 취업준비를 체계적으로 수행한다면 개인의 직업적 역량은 최대한 발휘될 것이다. 이 책에서는 이러한 4단계의 과정을 4개의 장으로 나누어 설명하였다.

첫 번째로 개인을 이해한다는 것은 자신의 특징을 다각도로 이해하는 것이다. 이는 가치관, 흥미, 적성, 성격, 집안의 직업적 특징 등을 파악하여 종합적으로 자신에게 적합한 직업을 이해하고, 직업 적응에 있어서 자신의 특징을 예측하고, 당면 문제를 해결하도록 돕는 것을 말한다.

두 번째로 직업을 이해한다는 것은 산업구조의 변화를 이해하고, 최근 기업체의 채용 동향과 유망 직종을 파악하는 것을 말한다. 그리고 다양한 진로정보를 파악하는 방법을 학습하여, 정확한 진로정보를 보유하게 하는 것을 포함한다.

세 번째로 진로를 결정한다는 것은 앞에서 파악한 자기이해와 직업이해를 연결하는 작업이다. 진로를 결정하는 일은 매우 중요하면서도 어려운 사안이다. 개인이 어떤 진로를 결정하느냐에 따라 개인 생활의 많은 부분이 영향을 받게 된다. 즉, 진로는 생활의 모든 측면에 영향을 끼치고, 개인의 생활양식을 결정하며, 궁극적으로는 한 개인의 인생을 결정하게 만든다. 따라서 지도자는 합리적으로 직업을 결정하되, 진로수행과정은 개인마다 매우 다양한 형태로 나타날 수 있기 때문에 평생 진로수행과정을 설계하도록 도와주는 것이 필요하다.

마지막으로 취업준비과정은 직업준비행동의 실제를 구체적으로 보여 주는 것이다. 제4장에서는 자신이 원하는 직장에 자신을 가장 효과적으로 소개하여 직장으로 성공적으로 진입할 수 있는 조언을 주고자 했다. 이력서, 자기소개서의 중요성과 작성요령을 설명하고, 면접 동향도 제시하였다.

이상의 과정을 교재를 통해 학습하고 실습해 보면서, 자신에게 가장 적절한 진로준비가 성공적으로 수행되기를 바란다. 특히 이 책은 이론서보다 워크북에 가깝다. 지도자가 집단을 대상으로 교재의 순서대로 실제 학생의 삶에 맞추어 탐색하도록 지도한다면, 효과적인 진로교육이 될 것이라고 확신한다. 이 책을 통해 많은 사람이 세상을 행복하고 안정되게 살 수 있는 준비를 할 수 있기를 진심으로 바란다.

이 책은 원래 2012년 한세대학교 출판부에서 『자기이해와 직업탐색』이라는 제목으로 발간된 것을 수정·보완하여 개정판을 내게 된 것이다. 이 책이 출판되기까지 지원해 주신 학지사 김진환 사장님을 비롯한 편집부에 감사드린다. 책이 나올 때까지 각종 자료 수집부터 편집까지 나를 도와 수고해 준 윤광범 연구원의 노고에 감사한다. 이러한 노고가 이 책을 읽는 사람에게 도움이 될 것이라고 믿기에 연구실에서 보낸 지난 몇 달이 내게 매우 소중하고 가치 있는 시간이었다고 감히 말할 수 있다.

2017년 2월
한세대학교 본관에서
김희수

차/례

제 **1** 장

자기 이해하기

자신의 미래를 설계하는 진로계획은 정확한 자기진단으로부터 시작하는 것이 필요하다. 내가 앞으로 어떤 직업을 택할 것인가에 앞서, 내가 과연 그 직업에 맞는 사람인지를 알아보아야 한다. 『손자병법』의 "나를 알고(知己)" 와 같이, 나를 아는 것은 직업선택의 필요조건이 되기 때문이다. 다시 말해 "나는 누구인가?(Who am I?)"에 대한 객관적 평가는 진로설계의 핵심적 요소라고 할 수 있다. 또한 그것은 치밀한 준비와 노력의 출발점이다. 자신의 진로를 적극적으로 개발하고 싶다면, 자기 자신을 가장 객관적인 시각으로 분석해 보는 과정이 필요하다.

　자기이해의 과정은 여러 측면에서 이루어져야 한다. 먼저 자신의 일과 관련된 경험 탐색과 의미 성찰의 과정인 직업 자서전 쓰기부터, 가치관, 흥미, 적성, 성격, 직업가계도를 통한 자기이해의 과정을 거치며 종합적인 자기이해가 필요하다.

1. 직업 자서전

1) 직업 자서전의 의미

　직업 자서전 쓰기는 직업과 관련된 자신의 경험을 탐색하고 그 의미를 성찰하기 위한 글쓰기다. 직업 자서전 쓰기는 저널치료를 활용하여 자신의 직업적 행동 특성을 찾는 과정으로, 여기서 저널치료란 흔히 글쓰기 치료라고 하는 독서치료의 하위 범주 중의 하나라고 할 수 있다. 독서치료와 관련한 다양한 용어로는 문학치료, 시치료, 이야기 치료, 글쓰기 치료 등이 있다. 이영식(2006)은 이들을 모두 독서치료의 하위 유형으로 보고, 문학치료가 문학 작품을 활용한 상호작용적 독서치료라면 나머지는 표현 중심 독서치료에 해당한다고 하였다. 시치료가 시를 통해 삶의 변화에 관심을 두는 상담기법 (Fox, 1997)이라면, 이야기 치료는 내담자의 대안적 이야기를 통해 삶의 문제를 치유하는 기법(고미영, 2004)이고, 글쓰기 치료는 글을 쓰는 행위에 초점을 맞춘 기법(이영식, 2006)이다.

저널치료는 글쓰기 치료로서 다양한 상담 장면에서 활용되고 있는데, 코미나스(Kominars, 2007)는 수천 명의 사람에게 치유의 글쓰기 워크숍과 세미나를 개최한 결과, 글쓰기가 육체적, 정서적, 정신적, 영적, 통합적으로 내담자에게 많은 유익을 제공한다는 것을 알 수 있다고 했다. 프로고프 (Progoff)는 저널을 '심리의 연습장'으로 활용하여 자신의 생각, 감정, 불안, 공포 등에 대한 주제로 글을 쓰게 하였고, 1960~1970년대에 '집중적 저널법'이라는 방법을 발전시켰다(강은주, 2005). 한편 애덤스(K. Adams)는 프로고프의 저널쓰기 기법을 응용하여 다양한 저널치료 기법을 독창적으로 개발하였고, 대중적으로 쉽게 다가갈 수 있게 한 이 기법은 현재 미국 저널치료센터에서 적극 활용되고 있다(강은주 외, 2006, 재인용).

우리나라에 글쓰기 치료가 저널치료라는 이름으로 본격적으로 알려지기 시작한 것은 강은주와 이봉희(2006)가 애덤스(Adams, 1990)의 『Journal to the Self』를 번역하여 『저널치료』라는 책을 출판하면서부터다. 저널치료는 정신과 육체, 감정의 건강과 행복을 증진시키기 위한 목적을 가지고 쓰는 반추적 글쓰기 행위를 말한다(이봉희, 2007).

저널(journal)을 보통 우리말로는 일기라고 번역할 수 있겠지만, 매일 일어나는 일을 기록하고 반성하는 일기와는 다른 종류의 글이다. 저널치료는 전통적인 일기를 비용 효과와 전반적인 자기 경영을 제공할 수 있게 독특한 방법으로 활용한 것이다. 저널쓰기는 일기쓰기보다 훨씬 더 복잡한 과정을 거치게 되는데, 이는 저널쓰기의 목적이 단순한 일기식 기록의 기능을 하기보다는 우리의 깊은 내면의 여정(inner journey)을 기록하는 것이기 때문이라고 말할 수 있다(강은주, 2005). 따라서 저널은 자신이나 인생의 여러 문제에 대한 보다 깊은 성찰과 이해를 위해 생각과 느낌을 글로 표현함으로써 글쓰는 사람의 내적인 경험, 반응, 그리고 인식에 초점을 맞춘 것이라고 하겠다(이봉희, 2007).

애덤스(Adams, 1990)의 『저널치료』에서 소개되고 있는 저널치료의 기법에는 스프링보드, 인물묘사, 클러스터 기법, 순간포착, 대화, 100가지 목록, 의식의 흐름, 징검다리, 타임캡슐, 오늘의 주제, 보내지 않는 편지, 관점의 변화, 꿈과 심상 기법 등이 있다. 애덤스(1998)의 『저널치료의 실제』에 새롭게 추가된 기법으로는 문장 완성하기, 5분간 전력질주, 구조화된 글쓰기, 가나다 시짓기, 자유로운 글쓰기 기법 등이 있다. 애덤스는 이 다양한 기법을 1단계인 '문장완성'으로부터 10단계인 '자유로운 글쓰기'까지 열 단계의 '저널 사다리'로 구조화하였다. 이 '저널 사다리'의 숫자가 작아질수록 구체적, 실제적이고 구조화되어 있어 즉시 활용 가능한 기법이다. 낮은 범주의 기법은 급히 정보를 얻고자 하거나 시간이 충분하지 않을 때 유용하다. 반면에 상위 범주의 기법은 추상적, 직관적이며 통찰력을 갖게 하는 기법으로 내적인 안내와 창의성으로 연결하는 데 적절하다(강은주 외, 2006).

여기서 진로저널은 자신의 직업과 관련된 여러 문제에 대한 보다 깊은 성찰과 이해를 위해 생각과 느낌을 표현하는 글이라고 할 수 있다. 또한 저널이 일기와 다르듯이 진로저널은 진로상담에서 활용하고 있는 진로일기와는 다른 상담기법이다. 진로일기는 예상되는 사망 나이를 추정하고, 인생목표를 설정하는 한편 종사하고 싶은 직업, 도달할 경제적 수준, 쟁취하고픈 사회적 지위, 받고자 하는 교육, 살고 싶은 장소, 결혼 및 가정관리 등을 구체적으로 구상한 다음 1주일, 1개월, 6개월, 1년, 3년, 5년, 10년, 15년, 20년, 30년 등 각 기간 동안에 예상되는 사회적 지위, 경제적 수준, 받고자 하는 교육 등을 명시하고 목표 설정을 하여 일주일 단위로 해야 할 일을 분석하는 것이다(이현림 외, 2007). 반면에, 진로저널이란 애덤스(Adams, 1990, 1998)의 저널치료 기법을 진로상담에 활용하고자 연구자가 개발한 저널로서 '진로에 관련된 다양한 문제를 성찰하고 탐색하기 위해 자신의 생각과 느낌을 표현하는 글'을 이른다.

진로저널 중 특히 직업 자서전은 일과 관련된 경험을 구체적으로 기술하고, 그 의미를 통찰하는 과정에서 자신의 일과 관련된 특징을 탐색하게 하는 것이다. 김승옥(1994)의 연구에서 보면 고등학생에게는 학업과 진학 및 진로에 관련된 문제가 가장 높은 스트레스 요인이라고 했다. 그런데 진로저널 프로그램을 통해 진로에 관련된 문제를 해소할 수 있었고 미래에 대한 희망을 갖게 되어 정신건강에 긍정적인 효과를 미쳤다고 볼 수 있다. 양유성(2004)은 삶의 의미란 특정한 나이가 된다고 해서 저절로 알게 되는 것이 아니라 우리가 무엇 때문에, 무엇을 위해서, 무엇에 의해 살아가는지에 대한 답변 속에서 발견된다고 하였다. 직업 자서전 쓰기는 그러한 답변을 얻을 수 있는 창구가 될 것이다.

2) 직업 자서전 작성하기

직업 자서전 쓰기는 다음의 두 과정을 통해 이루어진다. [그림 1-1]의 직업 자서전 쓰기는 과거 일과 관련된 활동을 저널쓰기하는 것이고, [그림 1-2]의 내 삶의 드라마 각본 쓰기는 미래의 자신의 희망에 대하여 저널쓰기하는 것이다.

• 생애 최초로 소망했던 희망은 무엇인지 기술하시오.

• 그 이후 내 희망 직업의 변화사, 준비 과정, 대학 진학 과정을 자서전을 쓰듯이 기술하시오.

[그림 1-1] 직업 자서전 쓰기

• 지금부터 그려질 자신의 삶을 드라마 각본으로 구성하시오.

[그림 1-2] 내 삶의 드라마 각본 쓰기

2. 가치관

1) 가치관

(1) 가치관의 개념

가치관이란 한 개인이 어린 시절부터 자신 주위의 환경과 접촉했던 사람들에 의하여 장기간에 걸쳐 형성된 믿음, 신념을 말하며 이는 특정 상황에서 선택이나 결정을 내려야 할 때 영향을 미쳐 어떤 특정한 행동을 하게 한다. 따라서 가치관은 옳고 그름이나 좋고 싫음에 대한 판단을 내리게 할 뿐 아니라, 어떤 방향이나 방식으로 행동하도록 이끈다고 할 수 있다.

직업가치관은 중요한 진로결정요인이다. 캐츠(Katz, 1963)는 직업가치관이란 하나의 통합된 요소로서 진로선택과 결정에 중요한 기능을 하는 것으로 보았다. 즉, 직업가치관은 동기의 기능, 만족의 추구기능, 선택과 결정의 참고자 기능, 방향설정기능, 자아개념통찰의 기회제공기능 등 다양한 기능을 한다. 호이트(Hoyt, 1973)는 개인이 진로결정을 하는 데 있어서 제일 먼저 결정해야 할 문제는 '내가 중요시하는 것이 무엇이냐' 하는 질문에 대답하는 것이라고 하였다. 따라서 가치관은 바로 개인의 행동기준이 되는 것으로 어떤 가치관을 가지고 있느냐에 따라서 개인의 진로선택이 영향을 받는다(지용근 외, 2009).

(2) 가치관 측정 도구

우리나라에서 가치관을 측정하는 데 주로 쓰이는 검사로는 개인 가치관 검사, 대인 가치관 검사, 가치관 검사 등(〈표 1-1〉 참조)이 있으며, 다른 방법으로는 한국교육개발원에서 개발한 가치명료화 프로그램이 있는데 그 과정

〈표 1-1〉 가치관 검사 목록

검사명	대상	저자	발행처	발행년도
개인 가치관 검사	고, 대, 일반	황응연, 이경혜	K. T. C	1987
대인 가치관 검사	고, 대, 일반	황응연, 이경혜	K. T. C	1987
가치관 검사	대, 일반	김인자, 황응연	서강대사회문제 연구소	1974

* 출처: 김봉환, 김병석, 정철영(2002).

은 ① 집단형성 단계, ② 자신의 가치관 인식 단계, ③ 가치갈등 상황의 명
료화와 대안탐색 단계, ④ 가치의 선택 단계, ⑤ 가치존중 및 확신의 단계,
⑥ 가치관의 행동화 단계로 구성되어 있다.

(3) 가치관 찾기

－개인이 가장 행복했던 상황이나 순간 또는 가장 행복할 상황이나 순간
 을 그림이나 글로 간단히 표현하시오.

[그림 1-3] 행복한 상황 표현하기

–자신의 남은 삶을 살기 위해 무인도로 떠난다고 가정했을 때, 반드시 가
져가고 싶은 것을 적으시오(외적이고 물질적인 것뿐 아니라, 내적이고 정신
적인 것도 쓸 수 있음).

〈표 1-2〉 행복한 삶의 조건

순 위	반드시 가져가고 싶은 것	그 이유는?
1		
2		
3		
4		
5		

–〈표 1-2〉를 보고, 자신이 가져가고 싶은 것의 공통점을 찾아 보시오.
이를 통해 자신의 특성을 정리해 보시오.

_____

_____

_____

_____

－가치관 목록을 통해 자신의 가치를 확인해 보시오.

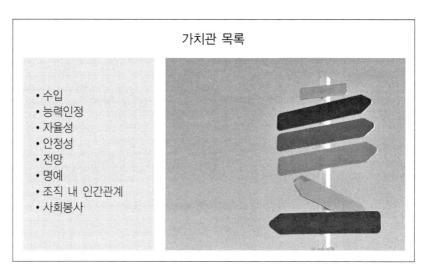

[그림 1-4] 가치관 목록

－[그림 1-4]의 항목에 순위를 매기시오. 자신이 직업을 선택할 때 절대로 포기할 수 없는 가치를 선택하고, 보다 구체적으로 정리하시오. 이 가치의 중요성을 5점 척도로 기술하시오.

_____ (　점)

_____ (　점)

_____ (　점)

〈표 1-3〉 가치관과 직업의 예

가치관	해당 직업
수입	변호사/철도차량 전문가/재료 공학자/약사/운동선수/법무사/의사/ 항공기 전문가/선박기관사/항공교통 관제사/공인회계사
능력인정	운동선수/경찰관/건축설계사/전문 컨설턴트/정보사업 종사자/ 촬영기사/보험설계사/분장사
자율성	작가/변호사/미술가/만화가/디자이너/항공 및 비행기 전문가/사진사/ 농·목축업 종사자/의사/교수/여행 안내원/바텐더
안정성	영양사/감정평가사/세무사/행정관료/은행원/군인/교사/공무원/ 부동산 중개사/학예사/사서
전망	컴퓨터 프로그래머/재산 및 상해보험사정인/펀드매니저/과학자/ 헬스 트레이너/컴퓨터 시스템 분석가/심리상담전문가
명예	가수/작가/판사/검사/대학교수/종교인/전통문화 계승자/군인/경찰관
조직 내 인간관계	교사/세트 디자이너/운동감독 및 코치 생활체육 지도사/안경사/ 판매원/보육교사/항해사/보험 손해사정인
사회봉사	교사/간호사/수의사/미용사/버스운전사/사서/장례지도사/소방관/ 상담사/특수학교 교사/호텔 종사원/경찰관/군인

2) 욕 구

직업가치는 인간의 욕구를 채워주기 위한 수단으로 활용된다. 따라서 가치를 확인하기 위해서는 욕구를 파악해보는 것이 필요하다. 욕구이론(need theory)은 직업선택이 개인의 욕구와 관련이 있는 것으로 보는 이론으로서 로(Roe), 홀랜드(Holland), 홉폭(Hoppock) 등이 대표적인 학자다. 대표적인 욕구이론을 여기에 제시해 보겠다.

(1) 내적 욕구와 외적 욕구

어떤 것을 하고자 하는 동기는 우리의 기본 욕구에서 생긴다. 욕구는 우리 삶의 원동력이 된다. 또한 에너지를 집중시킬 목표, 목적, 의미를 제공한다. 우리는 어떤 한 시점에서 매우 복잡하면서도 서로 경쟁하는 동기들을 갖게 되는데, 이로 인해 종종 혼란과 마음의 동요를 느껴 일관되고 지속적으로 몰두하고 따라가는 것이 어려워진다.

내적 욕구, 곧 발달적 동기의 세 가지 형태는 인간의 발달 과정을 촉진하고 확립한다. 내적 욕구에는 삶 속에서 의미를 찾고 이해하고자 하는 욕구, 환경을 통제하고 능력을 발휘하고자 하는 욕구, 정서적으로 지속적이고 만족스러운 관계를 맺고자 하는 욕구 등이 있다.

사람들은 외부 세계에 참여하면서 또 다른 유형의 심리적, 물리적 욕구나 투쟁과 탐색의 외적 욕구를 느낀다. 이는 일상 속에서 실천하고자 하는 목표와 동기를 이끌어 내는 욕구들이다. 대부분의 사람은 이러한 욕구를 당연한 것으로 여기지만, 우리는 이들이 충족되지 않을 때 불만족스럽고 불안하고 억압받는 느낌을 갖게 될 수도 있다.

(2) 결핍욕구와 성장욕구

우리의 욕구들 중 어떤 것은 간단하고 쉽게 충족된다. 그 중에는 우리가 '긴장-이완의 욕구'라고 부르는 것이 있다. 음식, 물, 육체적인 안락함 등이 그 예로, 다른 욕구들을 만족시키기 위해서는 자극의 수준을 증가시켜야 할 것이다. 이러한 욕망들을 '자극허기(stimulus hunger)'라고 부른다. 인간은 적절한 수준의 자극과 환경을 찾고, 환경과 상호작용하며 환경에 영향을 미치려고 한다. 이러한 자극을 향한 욕망들을 성장욕구라고 부를 수 있다.

사람들은 자신의 성장욕구 때문에 새로운 자극을 찾고 도달하려 하며 탐색하고 조작하고 환경과 상호작용한다. 다른 충동과 달리 '자극허기', 곧 성장욕구는 정해진 만족 수준이라는 것이 따로 없다. 즉, 높은 수준의 자극은 오히려 자극에 대한 욕구를 더 끌어 올린다. 어떤 의미에서 대부분의 사람은 이처럼 자극허기에 모든 것을 걸고 있다. 사람들은 긴장을 이완시켜 고통을 회피하려고 할 뿐만 아니라, 더 높은 수준의 자극과 환경에 도전하면서 그것을 탐험하는 데 더 강하게 동기화된다.

(3) 끝없는 완성의 욕구

많은 사람은 도전의 수준을 높이는 활동에 매우 강력하고 적극적으로 매달린다. 이는 사람들의 끝없는 완성(progressive mastery)에 대한 욕구 때문이다. 인간이 할 수 있는 어떤 종류의 활동도 이러한 동기를 일으킬 수 있다. 어떤 활동이든 완성의 수준이 계속해서 향상될 기회만 제공되면 활동을 가중시킨다. 즉, 열심히 노력하여 완성의 수준에 도달하면 다시 노력하여 도달할 완성의 수준이 나타나고, 이를 위해 노력하여 그 수준에 도달하면 또다시 도달할 새로운 완성의 수준을 만나게 된다.

끝없는 완성에 대한 동기도 발달과정을 통해 성장하는 것으로, 이를 통해 사람들은 보다 구조적인 삶을 살아가게 된다. 반면, 그러한 동기가 발달하지 못하면 안정적이고 만족스러운 라이프스타일을 세우기 힘들어지고, 일시적 유행이나 열정을 쫓아다니느라 허둥대거나 실패에 이른다. 끝없는 완성을 추구하는 삶은 행복의 필수요소인 통제감과 몰입을 느끼게 해 주는 역할을 한다.

(4) 매슬로의 자아실현의 욕구

인본주의 심리학자 매슬로(Maslow, 1970)는 어떤 위계를 가진 욕구들을 하나하나 충족시키기 위해 동기가 발생한다고 보았다. 매슬로는 인간의 기본 욕구를 크게 다섯 단계로 구분하였다. 그리고 인간에게 동기를 부여할 수 있는 욕구가 5개의 계층을 형성하고 있으며, 인간의 욕구는 낮은 단계의 욕구에서 시작하여 그것이 충족됨에 따라서 차츰 상위 단계로 올라간다고 보았다.

① 1단계: 생리적 욕구(physiological needs)
② 2단계: 안전 욕구(safety needs)
③ 3단계: 소속감과 애정 욕구(belongingness and love needs)
④ 4단계: 자존감 욕구(esteem needs)
⑤ 5단계: 자아실현 욕구(self-actualization needs)

우선 가장 기본이 되는 욕구는 생리적 욕구로 오직 신체적 생존을 유지하기 위한 것들이다. 이 욕구는 다른 어떤 욕구보다 우선하며, 이 욕구가 채워지지 않으면 다른 욕구로 올라가지 않는다고 하였다. 춥고 배고프고 겁에 질린 사람은 자신의 생명을 보존하는 것 이외의 다른 일에 쏟을 에너지가 없다. 생리적 욕구, 안전 욕구, 소속감과 애정 욕구, 자존감 욕구는 결핍욕구에 속하는데, 이 기본 욕구가 충족되기 전에는 더 높은 수준의 성장욕구에 대한 동기는 거의 나타나지 않는다.

결핍욕구가 충족되면 비로소 성장지향적이고 자아실현을 이루는 활동을 추구하고 싶은 마음이 나타난다. 인정, 수용, 칭찬, 사랑 등의 성장욕구는 대부분 건강하고 좋은 대인관계에서 충족될 수 있는 것들이다. 한편으로 인지적 갈망, 심미적 특성, 창의적 개성 등을 추구하는 자아실현 욕구는 가장 높은 곳에 위치해 있다. 자아실현 욕구는 자기 자신의 충만, 즉 한 개인이 가지고 있는 가능성을 현실화하려는 경향의 욕구를 말한다. 자아실현은 개인적으로 보나 사회적으로 보나 중요한 의미를 지닌다. 자아실현이란 궁극적으로 한 개인의 인간화라고 정의할 수 있는데, 자아실현자는 비자아실현자보다 창조적이고 효과적인 삶을 살기 때문이다.

결핍동기와 성장동기 중 무엇이 더 지배적이냐에 따라 개인의 대인관계는 상당히 다르게 나타날 수 있다. 결핍동기를 가진 사람들은 결핍욕구를 채워 주는 타인에게 의존하게 된다. 그들은 타인을 그 당시 자신에게 가장 필요한 신체적, 심리적 욕구를 충족시켜 주는 사람, 욕구대상, 공급원으로 보게 된다. 즉, 상대방을 온전한 인간으로 보거나 복잡하고 고유한 존재로 보는 것이 아니라, 자신에게 얼마나 유용한가 또는 위협적인가가 그 사람의 전체라고 보게 된다. 그리고 사람을 사용하거나 이용하고 무시하거나 내버리는 물건처럼 인식한다.

성장동기를 가진 사람들은 인생을 상당히 다르게 살게 된다. 일단 결핍욕구가 채워지면 사람들은 타인과의 관계에서 성장동기형으로 옮겨간다. 그리고 타인에 대해 그 사람이 제공할 수 있는 것이 무엇인가와 함께 그 사람 자체가 누구인가를 중요하게 여기게 된다. 사람들은 이 수준에 도달해야 보다 성숙한 대인관계가 가능해진다.

정리하면 개인은 생리적 안녕, 안전, 보안 등의 낮은 수준의 욕구가 충족되면 소속, 인정, 사랑 등의 사회적 욕구에 의해 동기화된다. 이 욕구가 충족되면 존경받고 싶고 자신의 가치를 인정받고 싶어 하며, 높게 평가받고 싶고 높은 지위를 갖고 싶은 욕구가 나타난다. 개인적 책임, 사회적 책임, 성취 수준이 높아지면서 이러한 욕구들이 나타나며, 이후 마지막으로 욕구충족의 최고 수준인 강력한 자아실현의 욕구에 도달한다. 이 단계에서야 인간은 자신의 능력을 인식하고 타인과 사회를 소중히 여기며 이를 위해 기여하게 되는 것이다. 이러한 욕구야말로 완전히 기능하는 인간, 즉 자아실현하는 인간으로 개인을 성장시키는 욕구다. 결국 긍정적인 성과와 이타행동을 통해 이러한 욕구를 충족시켜 주는 것이 바로 타인의 성장이나 자신의 성장을 돕는 방법이다.

(5) 로의 욕구이론

로(Roe, 1956)는 개인의 욕구가 직업선택에 큰 영향을 미친다고 보았다. 즉, 로는 아동기에 형성된 욕구에 대한 반응으로 직업선택이 이루진다고 하였으며 매슬로가 제시한 욕구의 단계를 기초로 해서 초기의 인생경험과 직업선택과의 관계에 관한 일곱 가지 가정을 발전시켰다.

로는 초기의 가정환경이 그 후의 직업선택에 중요한 영향을 미친다고 보고 다음과 같은 다섯 가지 명제를 제시하였다.

① **명제 1**: 개인이 갖고 있는 여러 가지 잠재적 특성의 발달에는 한계가 있다. 그러나 그 한계의 정도는 개인에 따라 다르다.

② **명제 2**: 개인의 유전적인 특성의 발달정도와 발달통로는 개인의 유일하고 특수한 경험에 의해 영향을 받으며, 또한 가정의 사회경제적 배경과 일반사회의 문화배경에 의해 영향을 받는다.

③ **명제 3**: 유전의 제약을 비교적 조금밖에 받지 않는 흥미나 태도와 같은 변인들은 주로 개인의 경험에 따라 발달유형이 결정된다.

④ **명제 4**: 심리적 에너지는 흥미를 결정하는 중요한 요소다.

⑤ **명제 5**: 이러한 개인의 욕구와 만족 그리고 강도는 성취동기의 유발 정도에 따라 결정된다.

로(1956)는 여러 가지 다른 직업에 종사하는 사람들은 각기 다른 욕구를 갖고 있고 이러한 욕구의 차이는 어린 시절의 부모-자녀관계에 기인한다고 보았다. 로는 이러한 관점에 기초해서 부모의 육아방식과 자녀의 직업지향성 간의 관계를 연구하였다.

그 연구에 의하면 가정의 정서적 분위기, 즉 부모와 자녀간의 상호작용(육아법)은 모두 세 가지 유형으로 나눌 수 있으며 각각에 따라 자녀의 욕구충족도가 달라진다. 즉, 회피형, 정서집중형, 수용형에 따라 자녀의 욕구유형이 달라지는데, 이를 구체적으로 설명하면 다음과 같다.

① 회피형

- **거부형**: 자녀에 대해 냉담하여 자녀가 선호하는 것이나 자녀의 의견을 무시한다. 또 자녀의 부족한 면이나 부적합한 면을 지적하며, 자녀의 욕구를 충족시켜 주려고 하지 않는다.
- **방임형**: 자녀와 별로 접촉하려고 하지 않으며, 부모로서의 책임을 회피하려고 한다.

② 정서집중형

- **과보호형**: 자녀를 지나치게 보호함으로써 자녀의 의존심을 키운다.
- **요구과잉형**: 자녀가 남보다 뛰어나기를 바라고 공부를 잘하기를 바라므로 엄격하게 훈련시키고 무리한 요구를 한다.

③ 수용형

- **무관심형**: 자녀를 수용적으로 대하지만 자녀의 욕구나 필요에 대해 그리 민감하지 않고 또 자녀에게 어떤 것을 잘하도록 강요하지 않는다.
- **애정형**: 온정적이고 관심을 기울이며 자녀의 요구에 응하고 독립심을 길러 주며 벌을 주기보다는 이성과 애정으로 대한다.

이러한 가정 분위기의유형과 작업지향성과의 관련에 대해 로(1956)는 다음과 같은 가설을 제시하고 있다.

첫째, 과보호형의 가정환경에서 성장한 사람은 인간지향적인 성격을 갖게 되며 그 결과 예능계통의 직업을 갖고 싶어 한다.

둘째, 온정적이고 수용적인 분위기에서 성장한 사람 역시 인간지향적인 성격을 갖게 되지만, 과보호형과는 달리 다른 사람과 함께 일하고 접촉하는 서비스 직종의 직업을 갖고 싶어 한다.

셋째, 부모의 사랑을 제대로 받지 못하고 거부적인 분위기에서 성장한 사람은 공격적이고 방어적인 성격을 갖게 되며, 그 결과 다른 사람과의 접촉이 적은 직업이나 과학계통, 연구계통의 직업을 갖고 싶어 한다.

또한 로는 직업분류에 대한 연구(Roe & Siegelman, 1964)도 하였는데, 그들은 직업군을 모두 여덟 가지로 분류하고 그것들을 다시 3단계의 수준으로 나누어 직업분류표로 제시하였다.

〈표 1-4〉 로의 직업분류

수준 직업군	전문·관리(상급)	전문·관리(중급)	준전문·관리	숙련	준숙련	비숙련
Ⅰ. 서비스직	조사연구 과학자	행정가 매니저 보호관찰자 사회사업가	고용상담자 간호원 YMCA 디렉터	군인상사 이용사 웨이터 순경	요리사 엘리베이터 관리인 소방대원 해군	청소부 경비원 파출부
Ⅱ. 비즈니스직	판매원소장 회사사장	인사과 직원 매매기사	중개인 화물취급가 자동차보험 판매원 도매인	경매인 조사원 부동산중개인	표판매원 판매점원 행상원	신문배달원
Ⅲ. 조직· 단체직	회사사장 각료	은행원 중재인 호텔매니저	계리사 우체국소장 개인비서	속기사 통계원 편집자	서기 우체부 교환원 타이피스트 현금출납원	배달업
Ⅳ. 산업기술직	발명가 과학자 (공학)	항공 엔지니어 비행분석가 공장 감독	비행사 계약자 (공사) 기관사	목수 봉제원 대장장이 미장이	크레인조작원 트럭운전사 기차신호인	목수보조원 노동자
Ⅴ. 옥외활동직	공학연구자 (광산)	지리학자 어류전문가	양봉가 산림애호가	광부 조경사	어부 정원사 여관주인 사냥꾼	동물사육사 농장노동자 노동자
Ⅵ. 과학직	치과의사 의사 연구과학자 (물리화학)	화학자 약학자	물리요법사 시체보건사	의료기술자 간호사	보조간호원	
Ⅶ. 일반문화직	법관 교수	목사 편집장 뉴스해설자 교원	사법서사 사서원 기자	편집인	도서관종사자	서류복사 종사자
Ⅷ. 예·체능직	관현악 지휘자 TV 디렉터	건축가 야구선수 조각가	광고전문가 운동코치 내부장식가 사진사	삽화가 만화가 장식가	의류업 모델	무대장치인

* 출처: Moser, Helen P., Dubin, William & Shelshy, Irving M. (1956), 이현검(2007) 재인용.

〈연습문제〉

1. 당신에게는 다음 W. Glasser가 설명하는 기본적 욕구 중 어떠한 욕구가 가장 중요한가? 각 욕구에 1-5까지 중 점수를 매겨보시오.

　① 생존의 욕구　　---------------- (　　　　) 점
　② 사랑받고 싶은 욕구　----------- (　　　　) 점
　③ 성취하고 싶은 욕구　----------- (　　　　) 점
　④ 자유롭고 싶은 욕구　----------- (　　　　) 점
　⑤ 재미있고 싶은 욕구　----------- (　　　　) 점

2. 당신이 앞의 욕구를 채우기 위해 어떤 활동을 하고 있는지 적어보시오.

　① 생존의 욕구 : (　　　　　　　　　　　　　　　　)
　② 사랑받고 싶은 욕구: (　　　　　　　　　　　　　)
　③ 성취하고 싶은 욕구: (　　　　　　　　　　　　　)
　④ 자유롭고 싶은 욕구: (　　　　　　　　　　　　　)
　⑤ 재미있고 싶은 욕구: (　　　　　　　　　　　　　)

3. 당신은 자신의 욕구를 가장 만족스럽게 채우기 위해 어떤 직업을 갖고 싶은지, 그 직업이 어떻게 당신의 욕구를 채울 수 있는지 적어보시오.

　직업명: (　　　　　　　　　　　)
　그 직업이 나의 욕구를 채워주는 근거: (　　　　　　　　　　　)

3) 사고

직업 가치는 나의 사고패턴을 탐색하는 데서 분명해진다. 인지행동치료 이론을 확립한 심리학자인 엘리스(Ellis, 1979)는 인간을 문제에 빠뜨리는 비합리적 신념을 다음과 같이 11가지로 설명하고 있다.

(1) 엘리스의 11가지 비합리적 신념

① 인정요구(demand for approval): 자신이 알고 있는 모든 중요한 사람으로부터 사랑받고, 인정받고, 이해를 받아야만 가치 있는 사람이다.

② 의존성(dependency): 사람은 다른 사람에게 항상 의지해야만 하고, 의지할 만한 강한 누군가가 있어야만 한다는 믿음

③ 지나친 타인염려(overconcern about others): 사람은 다른 사람의 문제나 곤란함에 대해 크게 신경을 써야 한다는 믿음

④ 비난 경향(blame proneness): 자신에게 해를 끼치거나 악행을 저지르는 사람들은 반드시 비난과 처벌을 받아야 한다는 믿음

⑤ 높은 자기기대감(high self-expectation): 자신이 가치롭기 위해서는 모든 영역에서 완벽하게 유능하고, 적절하며, 성공을 거두어야 한다는 믿음

⑥ 좌절반응(frustration reactivity): 일이 뜻대로 진행되지 않는다면 이는 끔찍스럽고 아무런 가치가 없다는 믿음

⑦ 완벽성(perfectionism): 모든 문제에는 언제나 바르고 완전한 해결책이 있으며 사람이 그것을 찾지 못하면 큰일이라는 믿음

⑧ 정서적 무책임(emotional irresponsibility): 인간의 불행은 외적인 조건에 의한 것이며 그것을 통제할 수 없다는 믿음

⑨ 문제회피(problem avoidance): 삶의 어려움이나 자기가 해야 할 책임은 직면하는 것보다 회피하는 것이 더 편하다는 믿음

⑩ 무력감(helplessness): 개인의 과거 경험은 그 사람의 현재 행동을 결정하며 사람은 과거의 영향에서 벗어날 수 없다는 믿음

⑪ 과잉불안(anxious over concern): 위험하거나 두려운 일이 일어날 가능성을 늘 생각하고 있어야 한다는 믿음

〈연습문제〉

당신은 엘리스의 11가지 비합리적 신념 중 어떤 생각을 해본 적이 있는가? 이 생각 때문에 하게 된 후회되는 행동이 있다면 무엇인가?

_____

_____

_____

_____

_____

_____

_____

_____

_____

_____

_____

_____

_____

_____

(2) 진로 사고 검사

진로와 관련된 사고를 확인하는 것을 진로사고 검사라고 하는데, 이는 진로 신화 검사(김병숙 외, 2007) 등을 활용할 수 있다.

〈표 1-5〉 진로 사고의 요소

구분	하위요인	내용
외재적 가치	가족과 관련된 사고	가족과 경계를 설정하지 않고 가족 가치에 대한 무조건적 수용
	검사와 관련된 사고	심리검사에 대한 맹신
	최고성과 관련된 사고	사회가 인정하는 직업에 대한 비현실적인 추종
	의사결정과 관련된 사고	타인의 의견에 대한 추종
	타인 기대와 관련된 사고	타인의 기대에 대한 추종
내재적 가치	자기 기대감과 관련된 사고	직업적 성공에 대한 비현실적인 기대감
	완벽성과 관련된 사고	완벽한 직업이 있다는 비현실적인 기대감
	일치성과 관련된 사고	직업이 곧 나라는 신념
	보수성과 관련된 사고	안정적 직업에 대한 비현실적 기대감
	자기 존중감과 관련된 사고	만족적인 직업만 자기를 높여준다는 신념

－내 직업과 관련된 비합리적 신념은 무엇인가? 이에 상응할 수 있는 적절한 합리적 신념은 무엇인가?

• 비합리적 신념: _____

                   _____

• 합리적 신념: _____

                 _____

3. 흥 미

1) 흥미의 개념

김봉환 · 김병석 · 정철영(2002)에 따르면 흥미란 어떤 종류의 활동 또는 사물에 대하여 특별한 관심이나 주의를 가지게 하는 개인의 일반화된 행동 경향을 말한다. 즉, 개인이 그에게 잠재적으로 가치 있다고 생각하는 것에 주의를 기울이고 그것을 향해서 나가고자 하는 정서적 특성을 흥미라고 한다. 흥미는 동기와 달라서 특수화된 목표보다는 광범위한 목표에 관련된 것이다.

2) 흥미 측정 도구

흥미 측정 도구에는 일반흥미검사, 직업흥미검사, 학습흥미검사가 있으며 직업과 관련한 흥미검사로 가장 널리 쓰이는 것으로는 홀랜드(Holland) 흥미유형 검사가 있다.

(1) 홀랜드 이론

홀랜드(Holland, 1992)는 사람들을 6가지 성격 유형으로 구분하며, 그 유형은 다음과 같다.

① 현실형(Realistic): 운동이나 기계분야에 능력을 가진 사람들로 사물, 도구, 기계 및 동 · 식물에 관심이 많고, 명확하고 질서정연하며 체계적인 조작을 필요로 하는 활동을 선호하며, 옥외에서 일하는 것을 좋아한다.

반면에 교육적이거나 치료적 활동은 싫어하는 경향이 있다.

② **탐구형**(Investigative): 체계적이고 논리적인 사고력 및 분석력을 가진 사람들로, 관찰하기, 탐구하기, 분석하기, 평가하기, 문제 풀기 등을 좋아한다. 반면에 설득적이고 사회적이며 반복적인 활동은 싫어하는 경향이 있다.

③ **예술형**(Artistic): 예술적, 창조적, 직관적인 것을 선호하며, 체계적이고 질서정연한 활동은 선호하지 않는 경향이 있다. 구조화되지 않은 상황에서 일하기를 좋아하고, 상상력과 창의력을 지니고 있다.

④ **사회형**(Social): 사람들과 함께 일하기를 좋아하고 정보를 교환하거나, 다른 사람을 도와주기를 좋아한다. 자료나 도구를 조작하기, 명확하고 체계적인 활동을 싫어하는 경향이 있다. 교육, 훈련, 돌보는 일을 잘 하며, 언어능력이 뛰어나다.

⑤ **진취형**(Enterprising): 조직의 목표와 경제적인 이득을 위해 다른 사람과의 상호작용을 선호하지만, 상징적이고, 체계적인 활동은 싫어하는 경향이 있다. 일을 수행하는 지도력이 있으며 조직의 운영 및 관리 능력을 가지고 있다.

⑥ **관습형**(Conventional): 자료를 가지고 체계적으로 일하기를 좋아하지만, 모호하고, 체계적이지 않은 활동을 싫어하는 경향이 있다. 회계 능력이 있고, 정해진 절차에 따라 일을 처리하고 세밀한 일처리를 잘한다.

〈표 1-6〉 홀랜드 유형검사에 기반한 권장 직업

유 형	성격특징	직업 활동 선호	적 성	대표직업
현실형	남성적이며 솔직하고 검소하다. 말이 적으며 단순하다.	분명하고 질서정연하고 체계적인 조작을 주로 하는 기술을 좋아하며, 교육 활동은 좋아하지 않는다.	기계능력은 있으나, 대인관계능력이 부족하다.	기술자 농부 운동선수
탐구형	지적 호기심이 많으며, 비관적이고 내성적이며 신중하다.	물리적, 생물학적, 문화적 현상의 창조적 탐구에 흥미, 사회적이고 반복적인 활동에는 관심이 부족하다.	학구적이고 지적인 자부심은 높으나, 지도력과 설득력이 떨어진다.	과학자 생물학자 인류학자 의사
예술형	상상력이 풍부하고 개성이 강하며, 협동적이지 않다.	변화와 다양성을 좋아하는 반면, 체계적이고 조직화된 활동에는 관심이 없다.	미술, 음악적 능력은 있으나, 사무기술이 부족하다.	예술가 작곡가 무대감독, 배우 소설가 디자이너
사회형	사람들을 좋아하고, 어울리기를 좋아하며 이상주의적이다.	타인의 문제를 듣고 이해하는 데는 관심을 보이지만, 질서정연하고 체계적인 활동에는 관심이 없다.	사회적, 교육적 지도력과 대인관계능력이 있으나, 기계적이고 체계적인 능력은 부족하다.	교육자 사회복지사 간호사 상담사 유치원 교사 언어치료사
진취형	지배력이 있고, 통솔력이 있으며, 외향적이고 낙관적이며 열성적이다.	조직의 목적과 경제적 이득을 얻기 위해 타인을 선도하고 통제하는 일과 위신과 인정을 얻는 일을 중시하지만, 관찰적, 체계적 활동에는 관심이 없다.	적극적, 사회적, 언어 능력이 있지만, 과학적, 체계적 능력은 부족하다.	기업경영인 정치가 영업사원 보험회사원 연출가
관습형	정확하고 빈틈없고, 조심성이 있으며 세밀하다.	정해진 원칙과 계획에 따라 자료들을 정리하고 조직하는 일을 좋아한다. 창의적이고 자율적이며 모험활동에는 혼란을 느낀다.	사무 계산의, 정확성은 있으나, 탐구·독창성은 부족하다.	공인회계사 은행원 사서 법무사 안전관리사

출처: 김봉한, 김남석, 정철영(2002).

(2) 흥미로 자신의 직업 찾기

자신이 가지고 있는 흥미와 가장 적합한 직업정보를 찾아 보시오. 가능한 자신이 가지고 있는 흥미를 선택하시오.

〈표 1-7〉 흥미로 자신의 직업 찾기

내가 가지고 있는 흥미선택	흥미에 대한 설명
□ 현실형	사물, 도구, 기계 및 동물들에 대한 명확하고 질서정연하며 체계적인 조작을 필요로 하는 활동들을 선호하고, 교육적이거나 치료적 활동을 싫어하는 경향이 있다. 이러한 경향성은 조작, 기계, 농경, 전기 및 기술적인 능력들을 획득하게 하는 반면에 사회적 능력 및 교육적 능력에서는 결함을 보여준다.
□ 탐구형	물리적, 생물학적 혹은 문화적 현상들에 대해 호기심을 가지고 관찰하는 것을 즐기며, 상징적이고 체계적이고 창조적인 활동을 요하는 조사나 연구 활동을 선호하고, 설득적이고 사회적이며 반복적인 활동을 혐오하게 한다. 이러한 행동경향성은 과학적이고 수학적인 능력을 획득하게 하는 반면에 설득적 능력에서는 결함을 보여준다.
□ 예술형	예술적 형태를 창조해내는 신체적, 언어적 활동이나 자유스러우며 체계화되지 않은 활동들을 선호하고, 분명하고 체계적이고 질서정연한 활동들을 싫어하는 경향이 있다. 이러한 행동경향성은 예술적인 능력을 획득하게 하는 반면에 사무적인 능력의 결함을 보여준다.
□ 사회형	다른 사람들을 훈련시키고, 발달시키고, 치료해주기 위한 활동을 선호하고, 자료나 도구 혹은 기계를 포함하는 명확하고 체계적인 활동을 싫어하는 경향이 있다. 이러한 경향성은 사회적 및 교육적 능력에서의 능력을 획득하게 하는 반면에 조작, 기계, 농경, 전기 및 기술적인 능력에서는 결함을 보여준다.
□ 진취형	조직적인 목표나 경제적인 이익을 얻기 위한 다른 사람과의 상호작용 활동을 선호하고, 관찰적이고 상징적이며 체계적인 활동을 싫어하는 경향이 있다. 이러한 경향성은 리더십, 대인관계 능력 및 설득적인 능력을 획득하게 하는 반면에 과학적인 능력에서 결함을 보여준다.
□ 관습형	자료에 대한 명확하고, 질서정연하며 체계적인 조작을 필요로 하는 활동들을 선호하고, 모호하고 자유스러우며 탐색적이고 체계적이지 않은 활동들을 싫어하는 경향이 있다. 이러한 경향성은 사무적이고 계산적인 능력을 획득하게 하는 반면에 예술적인 능력에서는 결함을 보여준다.

* 출처: 워크넷(http://www.work.go.kr).

〈표 1-7〉에는 6가지의 흥미가 있다. 이 중에 자신이 갖고 있다고 생각되는 흥미를 2~3가지 이상 체크하면 된다. 이 검사를 통하여 직업을 추천받기 원한다면 워크넷(http://www.work.go.kr)에서 직업정보 → 통합 찾기 → 흥미로 찾기로 들어가 검색을 누르면 추천하는 직업이 검색되어 나온다(한국 직업정보시스템).

(3) 직업선호도검사
직업선호도검사는 S형과 L형의 2가지로 나뉜다.

① 직업선호도검사 S형
- 직업선호도검사 S형은 성인이 좋아하는 활동, 관심 있는 직업, 선호하는 분야를 탐색하여 수검자가 직업흥미를 진지하게 탐색해 볼 수 있는

〈표 1-8〉 직업선호도검사 S형

하위 검사	측정 요인	요인설명
흥미 검사	현실형	분명하고 질서정연하고 체계적인 활동을 좋아하며 기계를 조작하는 활동 및 기술을 선호하는 흥미유형
	탐구형	관찰적, 상징적, 체계적이며 물리적, 생물학적, 문화적 현상의 창조적인 탐구활동을 선호하는 흥미유형
	예술형	예술적 창조와 표현, 변화와 다양성을 선호하고 틀에 박힌 활동을 싫어하며 자유롭고, 상징적인 활동을 선호하는 흥미유형
	사회형	타인의 문제를 듣고, 이해하고, 도와주고, 치료해 주는 활동을 선호하는 흥미유형
	진취형	조직의 목적과 경제적 이익을 얻기 위해 타인을 지도, 계획, 통제, 관리하는 일과 그 결과로 얻게 되는 명예, 인정, 권위를 선호하는 흥미유형
	관습형	정해진 원칙과 계획에 따라 자료를 기록, 정리, 조작하는 활동을 좋아하고 사무능력, 계산능력을 발휘하는 것을 선호하는 흥미유형

* 출처: 워크넷(http://www.work.go.kr).

기회를 제공하고 수검자의 흥미유형에 적합한 직업들을 제공한다.

- 직업선호도검사 S형은 만 18세 이상의 성인이면 누구나 수검이 가능하며 학력에 의해 제한을 받지 않는다.
- 검사를 실시하는 데 소요되는 시간은 약 25분이다.
- 직업선호도검사 S형은 활동, 유능성, 직업, 선호분야, 일반성향과 같은 5개의 하위영역을 평가하여 6개 흥미유형의 특성을 제공한다.

② 직업선호도검사 L형

- 직업선호도검사 L형은 성인의 직업흥미, 일반성격, 생활경험을 측정하여 수검자가 자신의 모습을 진지하게 탐색해 볼 수 있는 기회를 제공하고 수검자의 심리적 특성에 적합한 직업들을 제공한다.
- 직업선호도검사 L형은 만 18세 이상의 성인이면 누구나 수검이 가능하며 학력에 의해 제한을 받지 않는다.

〈표 1-9〉 직업선호도검사 L형

하위 검사	측정 요인	요인설명
흥미 검사	현실형	분명하고 질서정연하고 체계적인 활동을 좋아하며 기계를 조작하는 활동 및 기술을 선호하는 흥미유형
	탐구형	관찰적, 상징적, 체계적이며 물리적, 생물학적, 문화적 현상의 창조적인 탐구활동을 선호하는 흥미유형
	예술형	예술적 창조와 표현, 변화와 다양성을 선호하고 틀에 박힌 활동을 싫어하며 자유롭고, 상징적인 활동을 선호하는 흥미유형
	사회형	타인의 문제를 듣고, 이해하고, 도와주고, 치료해 주는 활동을 선호하는 흥미유형
	진취형	조직의 목적과 경제적 이익을 얻기 위해 타인을 지도, 계획, 통제, 관리하는 일과 그 결과로 얻게 되는 명예, 인정, 권위를 선호하는 흥미유형
	관습형	정해진 원칙과 계획에 따라 자료를 기록, 정리, 조작하는 활동을 좋아하고 사무능력, 계산능력을 발휘하는 것을 선호하는 흥미유형

성격 검사	외향성	타인과의 상호작용을 원하고 타인의 관심을 끌고자 하는 정도
	호감성	타인과 편안하고 조화로운 관계를 유지하는 정도
	성실성	사회적 규칙, 규범, 원칙들을 기꺼이 지키려는 정도
	정서적 불안정성	정서적으로 얼마나 안정되어 있고 자신이 세상을 얼마나 통제할 수 있으며, 세상을 위협적이지 않다고 생각하는 정도
	경험에 대한 개방성	자기 자신을 둘러싼 세계에 관한 관심, 호기심, 다양한 경험에 대한 추구 및 포용력 정도
생활사 검사	대인관계 지향	사람들과 어울려 지내는 것을 편안하고 즐겁게 여기는 정도
	자존감	자신의 능력, 외모, 인품에 대한 스스로의 평가 정도
	독립심	자기문제를 스스로 해결하는 정도
	양육환경	성장기 때 가족의 심리적 지지와 관심정도
	야 망	자신에게 사회적 부와 명예가 얼마나 중요한지 정도
	학업성취	학창시절의 학업성적 정도
	예술성	예술적인 자질, 경험 및 관심정도
	운동선호	운동에 관한 선호와 능력정도
	종교성	생활 속에서 종교의 중요성 정도
	직무만족	과거 또는 현재의 직무에 대한 만족 정도

* 출처: 워크넷(http://www.work.go.kr).

- 검사를 실시하는 데 소요되는 시간은 약 60분이다.
- 직업선호도검사는 다양한 분야에 대한 선호도를 측정하는 흥미검사, 일상생활 속에서 나타나는 개인의 성향을 측정하는 성격검사, 과거와 현재의 개인의 생활특성을 측정하는 생활사검사로 구성되어 있다.

(4) 흥미카드로 찾기

- 다음 내용을 오려서 카드로 만든 후, 조별로 모여 카드를 돌려가면서 각 질문에 답하고 그 이유도 함께 말해 보시오. 조모임 결과 다른 사람과 비교된 나의 특성을 정리해 보시오.

[그림 1-5] 흥미카드로 찾기

4. 적 성

1) 적 성

(1) 적성의 의미

정석용·이규은(2009)에 따르면 어떤 일을 하는 데 있어서 그 일에 알맞은 성질이나 적응 능력 또는 그와 같은 소질이나 성격을 적성이라고 한다. 적성은 우리가 어떤 일을 하는 데 있어서 쉽게 해낼 수 있는 소질을 지니고 있어서 우리가 '적성에 맞는다.' 하는 말은 쉽게 해낼 수 있는 능력이 있느냐, 아니면 없느냐와 관련된 말이다.

따라서 적성은 그 분야에 대해 장래의 성공 가능성이 있느냐, 아니면 없느냐 하는 잠재능력을 표현해 주는 말이기도 하다. 즉, 적성이라는 말에는 현재 얼마나 잘 할 수 있느냐 뿐만 아니라, 앞으로 얼마나 잘 해나갈 수 있느냐가 포함된다. 일반적으로 자신에게 적성에 맞는 일이라면 남들과 똑같은 노력을 했을 때 남들보다 더 잘할 수 있는 것이다. 따라서 성취률이 높을 것으로 예측할 수 있다.

적성이란 선천적인 요인을 지니고 나타나는 것으로 이해되지만, 그렇다고 해서 후천적인 영향이 완전히 배제되는 것은 아니다. 오히려 후천적인 경험이나 훈련을 통해서 어떤 특정한 인성이 개발되고, 그 개인의 적성으로 정착될 수도 있기 때문이다. 여기서 주요한 것은 선천적인 요인은 개인의 자의에 따라 쉽게 바뀔 수 없지만, 후천적인 요인은 개인의 노력과 훈련을 통해 계발될 수 있다는 점이다. 따라서 우리는 각자 개인이 갖고 있는 선천적 요인의 인성을 최대한 살리고, 보다 폭넓고 다용도적인 인성개발을 통하여 보다 많은 분야에 적응할 수 있는 적응력을 갖출 필요가 있다(이장희·정병식, 2004).

적성을 구성하는 요인으로는 일반능력, 언어능력, 수리능력, 공간지각능력, 수공능력, 운동조절능력, 기억력, 사무지각능력, 형태지각능력 등이 포함된다.

(2) 적성 측정 도구

적성을 알아보기 위한 방법으로는 두 가지가 있다. 첫 번째는 표준화 검사이며 두 번째는 관찰에 의한(지인들의 조언) 방법이 있다. 적성을 파악하기 위해서는 표준화 검사를 사용하는 것이 더 객관적일 수 있는데, 이러한 표준화 적성검사는 또 다시 일반 적성검사와 특수 적성검사로 나뉜다. 일반 적성검사는 적성을 아홉 가지 유형으로 구분하여 만든 검사로 진학이나 직업 지

〈표 1-10〉 적성의 유형과 관련 분야

적성 요인	내용/직업 분야
언어능력	정확한 의사소통을 위해 정확한 단어를 선택하고, 어휘를 연상하고 문장의 뜻을 이해하고, 의사를 발표하는 능력이다. 이 능력은 언어기능을 중요한 요인으로 하는 사회과학 분야에서 요구되는 적성이다.
공간지각능력	입체적 공간관계를 이해하는 능력으로서 시각을 통하여 실체적 물체를 이해하고, 실체적 물체를 회전 또는 분해했을 때의 형태를 상상하는 능력이다. 이 능력은 제도, 설계, 건축, 미술, 가구 등 제도에서부터 재단에 이르기까지 입체구성능력을 요구하는 직업 분야의 적성이다.
계산력	정확하고 **빠르게** 계산하는 능력이다. 이 능력은 대부분의 직업에서 필요한 기초적 능력이지만, 특히 사무분야에서 중요한 적성이다.
추리력	원리를 추구하고 응용하는 능력이다. 자연과학, 사회과학 등의 분야에서 필요로 하는 적성이다.
기계 추리력	각종 기계기구 및 물리과학적 원리를 이해하고 추리하는 능력이다. 이 능력은 토목, 기계수리 기술자, 기타 각종 이공학 시설분야 및 공장 등에서 요구되는 적성이다.
척도 해독력	척도, 그래프, 차트, 계기 등을 신속 정확하게 읽는 능력이다. 이 능력은 이공학, 화학, 수학, 의학 등의 과학 분야와 실업 및 기술 분야에서 요구되는 적성이다.
수공능력	운동 감각의 정확성과 신속히 반응하는 능력이다. 이 능력은 전기공, 인쇄공, 세공 등의 직업 분야에서 중요한 적성이다.
기억력	복잡한 자료나 항목들의 분류 및 상징, 기호를 학습하고 암기하는 능력이다. 이 능력은 사회과학, 실업, 사무 분야에서 중요한 적성이다.
사무지각능력	문자나 기호를 정확하고 신속하게 식별하는 능력이다. 경리, 회계 등 사무 분야에서 필요한 적성이다.
형태지각능력	실물이나 도해를 정확하고 **빠르게** 비교, 변별하는 능력이다. 이 능력은 통신, 기록 등의 사무 분야와 도안, 디자인 등의 응용미술 분야, 그리고 기타 기능적 분야에서 필요한 적성이다.

* 출처: 임두순(2000).

도에 사용하고, 특수 적성검사는 음악이나 미술 등 특수 분야의 능력을 측정하기 위하여 사용한다.

− 적성 진단 결과지를 보고, 자신의 적성에 대한 탐색을 해보도록 하시오.

1. 여태까지 받은 상을 분야별로 나누어 정리해 보시오.

- _____
- _____
- _____

2. 가장 성적을 잘 받은 과목은 무엇인가?

- _____
- _____
- _____

3. 적성 검사 진단표에 나타난 가장 높은 적성의 영역은 무엇인가?

- _____
- _____
- _____

4. 제1적성 영역에 해당하는 직업 중 선택 가능한 직업은 무엇인가?

- _____
- _____
- _____

2) 다중지능과 잠재능력

(1) 다중지능의 개념

　전통적인 지능이론에서는 학교 학습에서 주로 요구되는 언어적 능력과 논리 · 수학적 능력을 선천적으로 타고나는 고정된 특성으로 보고, 학교 학습에서 성공을 좌우하는 중요한 능력으로 간주해 왔다. 그러나 최근에는 지능을 일반적인 학습능력 외에 사회적 지능, 개인 내 · 개인 간 능력, 음악적 능력 등과 같이 개인이 처한 상황 속에서 발휘되는 다원적인 것으로 개념화하고(Gardner 1983, 1993; Stemberg, 1985), 한 사회 · 문화적 환경에서 가치 있는 모든 행동을 지능의 개념 안에 포함시키고자 한다. 그리고 지능을 후천적으로 길러지는 역동적이고 변화 가능한 능력이라고 가정하며 교육을 통해 지적 능력을 향상시킬 수 있다는 점을 강조하고 있다.

　가드너(Gardner, 1983)는 지능을 사회 속에 직면해 있는 문제를 해결하는 지적 능력으로, 풍부한 환경과 상황에서 그 문화권이 가치를 두고 있는 산물을 창조하는 능력으로 정의한다.

　가드너(1983)는 모든 사람은 적어도 일곱 가지의 다중지능을 가지고 있으며, 그 지능들은 명백히 구별되는 지능영역으로 되어 있다고 주장했다. 또한 각 지능은 서로 독립적이기 때문에 한 영역의 지능이 높다고 해서 다른 영역의 지능이 높을 것으로 예측하기는 어려울 뿐만 아니라, 어느 특정 지능의 우수성을 논할 수 없다고 지적하였다. 가드너가 제시한 일곱 가지 지능은 두뇌의 일정 부분을 차지하고 있다. 즉, 두뇌의 지능은 언어지능, 논리 · 수학지능, 공간지능(시각적 지능과 공간적 지능을 하나로 봄), 음악지능, 신체 · 운동지능, 대인관계지능, 개인이해지능으로 이루어져 있다. 최근에는 자연주의적 지능과 실존지능을 추가하여 아홉 가지 지능을 주장하고 있다(유광찬 외, 2007 재인용).

〈표 1-11〉 다중지능이론에 의한 지능영역

구분영역	핵심요소	상징체계	관련직업 분야	신경체계
언어지능	단어와 언어의 음, 구조, 의미, 기능에 대한 민감성	음성언어 (예: 영어)	작가, 연설가	좌측두엽과 전두엽
논리·수학 지능	논리적 또는 수리적 패턴에 대한 민감성과 그 패턴들을 구별할 수 있는 능력, 길게 연결된 추론을 다룰 수 있는 능력	추리, 컴퓨터 언어	과학자, 수학자	두정엽의 좌측 우반구
공간지능	시각적·공간적 세계를 정확하게 지각하고 자신의 처음 지각을 변형할 수 있는 능력	상(Image)과 그림, 표의 언어(예: 중국어)	미술가, 건축가	우반구의 후반구
신체·운동 지능	자신의 신체 동작을 통제하고 물건을 능숙하게 다룰 수 있는 능력	몸짓 언어	운동선수, 무용수, 조각가	소뇌, 기저핵, 운동피질
음악지능	리듬, 음정, 음색을 낼 수 있고 감지할 수 있는 능력, 음악적 표현 형식에 대한 감상	리듬과 멜로디 등 음악 표기 체계	작곡가, 연주가	우측두엽
대인관계 지능	다른 사람의 기분, 기질, 동기, 바람을 구별하고 그것에 적절하게 반응할 수 있는 능력	사회적 단서 (몸짓, 표정)	카운슬러, 정치지도자	전두엽과 측두엽, 변연변계
개인이해 지능	자신의 감정에 접근하고 자신의 정서를 구별할 수 있는 능력, 자신의 강점과 약점에 대한 지식	자아에 대한 상징(예: 꿈과 예술작품)	심리치료사, 종교지도자	전두엽, 두정엽, 변연계

* 출처: 정석용·이규은(2009).

(2) 다중지능과 스페셜리스트 패턴

정효경(2008)은 사람마다 각기 다른 스페셜리스트 패턴을 가지고 있다고 말한다. 스페셜리스트의 패턴이란 아홉 가지 지능 간의 편차로 이루어지는 분포 형태에서 나오는 것인데, 아홉 가지 지능의 편차에서 사람들은 한두 가지가 아주 높은 분포 형태를 보이고, 다른 지능은 낮은 경우의 분포를 보이는 등의 각기 다른 특성을 보이게 된다. 이때 여러 지능 중 상대적으로 높게 나타난 지능 한두 가지가 무엇이냐에 따라 이를 집중적으로 계발하면 그 지능이 나중에 절대적으로 상당히 높아질 수 있다는 것이다. 따라서 정효경

(2008)은 지능적 구조 양상에 따라 다음의 다섯 가지 패턴으로 구분하고 이를 직업적 선택과 연결할 것을 주장하고 있다.

① 스타형 패턴

아홉 가지 다중지능 중에서 한 가지 지능이 아주 높고 아울러 대인관계지능도 매우 높은 유형의 사람이다. 이 타입은 자신의 전문 분야에서 두각을 발휘할 수 있는 재능을 가지고 있을 뿐 아니라, 인간관계도 뛰어나 그 분야의 리더로 부상할 확률이 높다. 스타형 패턴을 가진 사람은 의사, 변호사처럼 개인능력이 중시되는 전문직에서 시작하더라도 나중에는 종합병원 원장이나 대형 로펌 대표 등 조직의 리더로 성공을 거두는 경우가 많다.

② 스페셜리스트 패턴

논리수리지능이 매우 높거나 한 가지 전문적인 분야의 지능이 아주 뛰어나지만, 대인관계지능은 그다지 높지 않은 유형이다. 이 타입은 커리어를 선택할 때 강하게 타고난 지능을 핵심능력으로 활용하는 게 유리하다. 예를 들어, 스페셜리스트 유형 중에서 논리수리지능이 아주 높은 사람은 의사, 법률가, 교수 같은 전문직에 종사하는 게 적합하고, 신체지능이 뛰어난 사람은 운동선수나 무용가 등 자신의 몸을 활용할 수 있는 직업에 종사하는 게 좋다.

③ 제너럴리스트 패턴

제너럴리스트 패턴의 타입은 다중지능 간의 편차가 작고 대부분의 지능이 중간 정도에 있는 유형이다. 이들은 특별히 뛰어난 지능은 없지만, 대인관계지능만은 중간 이상으로 나타난다. 제너럴리스트 유형은 일반적으로 여러 지능이 골고루 필요한 업무에 적합하다. 교사, 기자, 방송사 PD와 같이 여러 가지 역량을 다양하게 사용하는 분야가 좋고, 기업 분야에 진출한다면 마케팅, 홍보, 인사, 총무, 교육 같은 직종이 유리하다.

④ 스타형 제너럴리스트 패턴

제너럴리스트 유형이면서 특히 대인관계지능이 높은 사람을 가리킨다. 이들 중에서도 대인관계지능과 봉사지능, 신체지능이 뛰어나 승부욕이 강한 경우에는 영업본부장 같은 임원급으로 성장할 확률이 높고, 나아가 영업전문 최고경영자(CEO)로 성공을 거둘 수 있다. 대인관계지능이 우수하고 전반적으로 무난한 지능을 가진 사람은 영업이나 업무지원 부서에서 일하는 게 유리하다.

⑤ 봉사지능 타입과 감각지능 타입 패턴

다른 지능은 비교적 낮지만, 감각지능이나 봉사지능만큼은 유독 높은 유형이다. 이들은 자신의 강한 지능을 최대한 살려 직업을 선택하는 것이 유리하다. 예컨대, 감각지능이 높을 경우엔 발달된 감각을 잘 계발해 요리사나 파티셰, 소믈리에 등이 될 수 있고, 봉사지능이 높으면 간호사, 호스피스, 사회복지사 혹은 유아교육 분야에서 두각을 나타낼 수 있다. 봉사지능과 대인관계지능이 동시에 높을 경우에는 관광, 호텔업 같은 서비스업에 적합하다.

3) 보유지식

자신이 가지고 있는 지식과 가장 적합한 직업정보를 찾아 보시오. 가능한 자신이 가지고 있는 지식을 많이 선택하시오.

〈표 1-12〉 보유지식으로 직업 찾기

내가 가지고 있는 지식선택	지식에 대한 설명
□ 경영 및 행정	사업운영, 기획, 자원배분, 인적자원관리, 리더십, 생산기법에 대한 원리 등 경영 및 관리에 관한 지식
□ 사무	워드 프로세스, 문서처리 및 기타 사무절차에 관한 지식
□ 경제와 회계	돈의 흐름, 은행업무, 그리고 재무자료의 보고와 분석과 같은 경제 및 회계원리에 관한 지식
□ 영업과 마케팅	상품이나 서비스를 판매하거나 촉진을 하는 것에 관한 지식(마케팅 전략, 상품의 전시와 판매기법, 영업 관리 등)
□ 고객서비스	고객에게 서비스를 제공하는 데 필요한 지식(고객의 욕구 평가, 고객의 만족도 평가, 서비스 기준 설정 등)
□ 인사	채용, 훈련, 급여, 노사관계와 같은 인적자원관리에 관한 지식
□ 상품 제조 및 공정	상품의 제조 및 유통을 효율적으로 하기 위해 필요한 원자재, 제조공정, 품질관리, 비용에 관한 지식
□ 식품생산	식용을 위해 동물이나 식물을 기르고 수확물을 채취하기 위한 기법이나 필요한 장비에 관련된 지식
□ 컴퓨터와 전자공학	컴퓨터의 하드웨어, 회로판, 처리장치, 반도체, 전자장비에 관한 지식
□ 공학과 기술	다양한 물건을 만들고 설계하거나 서비스를 제공하기 위해 필요한 공학적인 원리, 기법, 장비 등을 실제로 적용하는 지식
□ 디자인	밑그림, 제도와 같이 디자인에 필요한 기법 및 도구에 관한 지식
□ 건설 및 건축	집, 빌딩, 혹은 도로를 만들고 수리하기 위해 필요한 지식
□ 기계	기계와 도구를 사용하고, 수리·유지하는 것과 관련된 지식
□ 산수와 수학	연산, 대수학, 통계, 기하학의 계산 및 응용에 관한 지식
□ 물리	공기, 물, 빛, 열, 전기이론 및 자연현상에 관한 지식
□ 화학	물질의 구성, 구조, 특성, 화학적 변환과정에 관한 지식
□ 생물	동·식물 또는 생명현상에 관한 지식
□ 심리	사람들의 행동, 성격, 흥미, 동기 등에 관한 지식
□ 사회와 인류	집단행동, 사회적 영향, 인류의 기원 및 이동, 인종, 문화에 관한 지식
□ 지리	육지, 바다 그리고 하늘의 특성 및 상호관계에 관한 지식
□ 의료	질병이나 치아의 질환 여부를 진단하고 치료하는 것에 관한 지식

□ 상담	개인의 신상 및 경력 혹은 정신적 어려움에 관한 상담을 하는 절차나 방법 혹은 원리에 관한 지식
□ 교육 및 훈련	사람을 가르치고 훈련시키는 데 필요한 방법 및 이론에 관한 지식
□ 국어	맞춤법, 작문법, 문법에 관한 지식
□ 영어	영어를 읽고, 쓰고, 듣고 말하는 데 필요한 지식
□ 예술	음악, 무용, 미술, 드라마에 관한 지식
□ 역사	역사적 사건과 원인 그리고 유적에 관한 지식
□ 철학과 신학	생활에 영향을 미치는 다양한 철학과 종교에 관한 지식
□ 안전과 보안	사람들과 재산을 보호하기 위해 필요한 지식
□ 법	법률, 규정에 관한 지식
□ 통신	전화기, 네트워크, 방송 등의 통신기기를 조작하고 통제하는 데 필요한 지식
□ 의사소통과 미디어	말, 글, 그림 등을 이메일이나 방송매체를 통해 전달하는 것에 관한 지식
□ 운송	비행기, 철도, 선박 그리고 자동차를 통해 사람들과 물품을 움직이는 원리와 방법에 관한 지식

* 참조: 워크넷(http://www.work.go.kr).

〈표 1-12〉에는 33가지의 지식유형이 있다. 이 중에 자신이 갖고 있다고 생각되는 지식유형을 5가지 이상 체크하면 된다. 이 검사를 통하여 직업을 추천 받기 원한다면 워크넷(http://www.work.go.kr)에서 직업정보 → 나의 특성에 맞는 직업찾기 → 지식으로 찾기로 들어가 검색을 누르면 추천하는 직업이 검색되어 나온다(한국직업정보시스템).

4) 업무수행능력

자신이 가지고 있는 능력과 가장 적합한 직업정보를 찾아 보시오. 가능한 자신이 가지고 있는 능력을 많이 선택하시오.

〈표 1-13〉 업무수행능력으로 직업 찾기

내가 가지고 있는 능력 선택	능력에 대한 설명
☐ 읽고 이해하기	업무와 관련된 문서를 읽고 이해한다
☐ 듣고 이해하기	다른 사람들이 말하는 것을 집중해서 듣고 상대방이 말하려는 요점을 이해하거나 적절한 질문을 한다
☐ 글쓰기	글을 통해서 다른 사람과 효과적으로 의사소통한다
☐ 말하기	자기가 알고 있는 것을 다른 사람에게 조리 있게 말한다
☐ 수리력	어떤 문제를 해결하기 위해 수학을 사용한다
☐ 논리적 분석	문제를 해결하기 위해(혹은 의사결정을 하기 위해) 체계적으로 이치에 맞는 생각을 해낸다
☐ 창의력	주어진 주제나 상황에 대하여 독특하고 기발한 아이디어를 산출한다
☐ 범주화	기준이나 법칙을 정하고 그에 따라 사물이나 행위를 분류한다
☐ 기억력	단어, 수, 그림 그리고 철자와 같은 정보를 기억한다
☐ 공간지각력	자신의 위치를 파악하거나 다른 대상들이 자신을 중심으로 어디에 있는지 안다
☐ 추리력	문제해결 및 의사결정을 위해 새로운 정보가 가지는 의미를 파악한다
☐ 학습전략	새로운 것을 배우거나 가르칠 때 적절한 방법을 활용한다
☐ 선택적 집중력	주의를 산만하게 하는 자극에도 불구하고 원하는 일에 집중한다
☐ 모니터링(Monitoring)	타인 혹은 조직의 성과를 점검하고 평가한다
☐ 사람 파악	타인의 반응을 파악하고 왜 그렇게 행동하는지 이해한다
☐ 행동조정	다른 사람들의 행동에 맞추어 적절히 대응한다
☐ 설득	다른 사람들의 마음이나 행동을 변화시키기 위해 설득한다
☐ 협상	사람들과의 의견차이를 좁혀 합의점을 찾는다
☐ 가르치기	다른 사람들에게 일하는 방법에 대해 가르친다
☐ 서비스 지향	다른 사람들을 돕기 위해 적극적으로 노력한다
☐ 문제 해결	문제의 본질을 파악하여 해결 방법을 찾고 이를 실행한다
☐ 판단과 의사결정	이득과 손실을 평가해서 결정을 내린다
☐ 시간 관리	자신의 시간과 다른 사람의 시간을 관리한다
☐ 재정 관리	업무를 완료하기 위해 필요한 비용을 파악하고 구체적 소요 내역을 산출한다

□ 물적자원 관리	업무를 수행하는 데 필요한 장비, 시설, 자재 등을 구매하고 관리한다
□ 인적자원 관리	직원의 근로의욕을 높이고 능력을 개발하며 적재적소에 인재를 배치한다
□ 기술 분석	새로운 방법을 고안하고 기존의 방법을 개선하기 위해서 현재 사용되는 도구와 기술을 분석한다
□ 기술 설계	사용자의 요구에 맞도록 장비와 기술을 개발하여 적용한다
□ 장비 선정	업무를 수행하는 데 필요한 도구나 장비를 결정한다
□ 설치	작업 지시서에 따라 장비, 도구, 배선, 프로그램을 설치한다
□ 전산	다양한 목적을 위해 소프트웨어나 인터넷을 활용하거나 프로그램을 작성한다
□ 품질관리분석	품질 또는 성과를 평가하기 위하여 제품, 서비스, 공정을 검사하거나 조사한다
□ 조작 및 통제	장비 혹은 시스템을 조작하고 통제한다
□ 장비의 유지	장비에 대한 일상적인 유지보수를 하고 장비를 유지하기 위해 언제 어떤 종류의 조치를 취해야 하는지 안다
□ 고장의 발견 · 수리	오작동의 원인이 무엇인가를 확인하고 이를 어떻게 처리할 것인지 결정한다
□ 작동 점검	기계가 제대로 작동하는지 확인하기 위해 표시판이나 계기판 등을 살펴본다
□ 조직체계의 분석 및 평가	환경이나 조건의 변화가 조직의 체계, 구성, 방식에 어떤 영향을 미칠지 분석하고, 시스템의 효율성을 평가한다
□ 정교한 동작	손이나 손가락을 이용하여 복잡한 부품을 조립하거나 정교한 작업을 한다
□ 움직임 통제	신체를 사용하여 기계나 기구를 정확한 위치로 빠르게 움직인다
□ 반응시간과 속도	신호에 빠르게 반응하거나 신체를 신속히 움직인다
□ 신체적 강인성	물건을 들어 올리고, 밀고, 당기고, 운반하기 위해 힘을 사용한다
□ 유연성 및 균형	신체의 균형을 유지하거나 각 부위를 구부리고 편다
□ 시력	먼 곳이나 가까운 것을 보기 위해 눈을 사용한다
□ 청력	음의 고저와 크기의 차이를 구분한다

* 참조: 워크넷(http://www.work.go.kr).

〈표 1-13〉에는 44가지의 업무수행능력이 있다. 이 중에 자신이 갖고 있다고 생각되는 업무수행능력을 7가지 이상 체크하면 된다. 이 검사를 통하여 직업을 추천 받기 원한다면 워크넷(http://www.work.go.kr)에서 직업정보 → 업무수행능력으로 찾기로 들어가 검색을 누르면 추천하는 직업이 검색되어 나온다.

5) 진로성숙

(1) 진로성숙도

① 진로성숙의 개념

진로성숙이란 자아의 이해, 일과 직업세계의 이해를 바탕으로 자신의 진로계획과 진로선택을 통합·조정해 나아가는 발달단계의 연속으로 요약할 수 있으며, 각 발달단계마다 수행해야 할 발달과업이 있는데 이 발달과업의 인지 및 수행 여부가 다음 단계로의 발달을 촉진시키며 이해하는 데 중요한 조건으로 간주된다.

한국교육개발원(1992)에서는 진로성숙의 개념을 위와 같은 관점에서 연속적인 발달개념으로 보되, 부분적으로는 각 발달단계에서 수행해야 할 발달과업의 수행 정도를 동일한 연령집단과 비교하여 개인이 차지하는 위치로 보고 있다. 다시 말하면 "진로성숙이란 자아의 이해와 일과 직업세계의 이해를 기초로 하여 자기 자신의 진로를 계획하고 선택하는 과정에서 동일 연령이나 발달단계에 있는 집단의 발달과업 수행 정도에서 차지하는 개인의 상대적인 위치"로 정의하고 있다.

여기서 자아의 이해라는 면은 자기의 능력, 적성, 흥미, 가치관, 신체적 조건, 환경적 조건 등 자아의 이해와 관련된 많은 변인을 고려할 수 있어야 하며, 일과 직업세계의 이해라는 면은 직업정보, 일과 작업의 조건, 직업관 및 직업윤리 등 많은 변인을 종합적으로 통정할 수 있어야 함을 의미한다.

② 진로성숙도 검사도구

진로성숙 또는 진로발달 정도를 측정하기 위해 외국에서 개발된 대표적인 검사도구로는 Assessment of Career Decision Making(ACDM), Career Decision Scale(CDS), Career Development Inventory(CDI), 그리고 Career Maturity Inventory(CMI), My Vocational Situation(MVS) 등을 꼽을 수 있다. 국내에서 개발된 대표적인 검사는 한국교육개발원(1992)에서 제작한 '진로성숙도검사'(김봉환 · 김병석 · 정철영, 2002)와 '진로태도성숙도검사'(이기학 · 한종철, 1998)가 있다.

③ 진로태도성숙도검사

진로태도성숙도를 평가하기 위해서 이기학과 한종철(1998)이 제작한 척도를 4점 척도화한 후 예비검사를 통해 신뢰도 검증을 실시하였고, 본 검사지에 대한 타당도는 먼저 집단 구성원인 교육학이나 심리학 전공자가 아닌, 일반 대학생이 내용을 이해할 수 있는지를 알아보는 사용 언어의 전문성 측면을 검토하고, 한편으로는 진로 교육과 평가, 상담 심리를 전공한 3명의 전문가에게 내용 타당도(content validity)를 검토하였다. 전문가의 자문 과정에서 문장 수정이나 삭제를 권고 받은 사항은 문장을 뜻이 분명해지도록 수정하거나 삭제하여 최종적인 검사지를 제작하였다.

총 34문항으로 작성하였으며, 최고점은 4점이고, 따라서 최대 점수는 136점이다. 이 도구는 진로태도성숙도를 평가하는 척도로서 현실성 차원, 결정성 차원, 준비성 차원의 3가지 하위 영역으로 나뉜다.

(2) 진로결정 수준의 이해와 측정

① 진로결정 수준의 개념

진로결정 수준에 관한 개념을 분명히 하기 위해서는 이 용어가 사용되는 맥락에서 동시에 등장하고 있는 진로미결정, 진로결정, 결단성 부족 등의 개념들을 함께 살펴 볼 필요가 있다. 여기에서 진로를 결정했다 함은 일반적으로 현재 상태 이후에 자신의 진로와 관련된 방향을 분명히 설정했음을 의미하며, 보다 구체적으로는 대학에서의 전공 선택에 대한 확신 혹은 졸업 후에 자기가 종사할 구체적인 직업분야의 선택이다.

진로미결정에 관한 여러 가지 문헌에서는 보다 구체적으로 진로를 미결정한 사람들과 천성적으로 결단성이 부족한(우유부단한) 사람들을 구별하고 있다. 진로를 미결정한 사람들은 정상적이고 일시적인 것으로서 발달단계를 따라 나아가고 있는 중인 것으로 간주된다. 이들은 진로와 관련된 결정을 하는 데 있어서 큰 압박을 받지 않을 뿐만 아니라 자기 자신, 직업의 세계 및 의사결정 과정에 대한 추가적인 정보를 얻을 때까지 결정의 과정을 연기하는 것으로 본다. 반면 결단성이 부족한(우유부단한) 사람들은 자신의 진로에 관련된 결정뿐만 아니라 일상생활에서 직면하는 여러 가지 결정에 대해서 쉽사리 접근하지 못하는 어떤 특성을 소유하고 있는 것으로 간주된다. 이와 같은 문제는 만성적인 미결정(chronic indecision)으로 불려 왔다. 따라서 진로결정 수준이란 진로미결정과 진로결정을 양 극단으로 하는 연속선상의 어느 한 지점을 지칭하는 것으로 볼 수 있다(Peterson, Sampson& Reardon, 1991).

② 진로결정 수준의 측정

진로결정 수준과 관련된 연구에 가장 많이 사용된 측정도구는 오시포

(Osipow) 등(1980)에 의해서 개발된 Career Decision Scale(CDS)이다. CDS는 19개 문항으로 구성되어 있으며, 진로미결정에 대해서 16개의 구별되는 선행요인들을 측정하도록 되어 있다.

홀랜드(Holland, J. L)와 홀랜드(Holland, J. E, 1977)는 진로미결정의 측정을 위해서 13개 문항으로 구성된 도구를 개발하였다. 그들이 만든 Vocational Decision Making Difficulty Scale(VDMD)은 연구의 대상으로서 큰 관심을 끌지는 못했지만 진로결정 수준을 측정하는 데 있어서 매우 도움이 된다. 이들은 지금까지의 연구자들은 몇몇 변인을 탐색하여 미결정을 설명하려는 데 과도하게 집착했다고 지적하면서, 앞으로는 미결정의 서로 다른 타입을 밝히는 일로 관심을 전환해야 한다고 주장하였다(김봉환 외, 1995). VDMD의 점수는 개인이 경험하고 있는 미결정의 정도를 나타내 주고 있으므로 이 같은 타입을 밝히는 데 도움을 준다. 또한 "나는 지금 당장 결정할 필요가 없다."는 문항에 대한 응답은 상담자로 하여금 내담자가 지각한 변화에 대한 필요의 강도를 알게 해 준다.

존스(Jones)와 체너리(Chenery, 1980)는 결정성, 결정수준에 대한 편안함의 정도(comfort with decidedness level), 미결정에 대한 원인 등을 측정하기 위해서 Vocational Decision Scale(VDS)을 개발하였다. VDS는 후에 Career Decision Profiles(CDP)라는 이름으로 모습을 바꾸었다.

도구들의 활용빈도와 관련하여, 차트랜드(Chartrand)와 캠프(Camp, 1991)는 1971년부터 1990년까지 『Journal of Vocational Behavior』에 발표된 관련 논문들 중 CDS를 활용한 연구가 22편, 연구자가 자체 개발한 도구를 사용한 경우가 14편, VDMD를 활용한 연구가 5편 그리고 MVS와 VDS는 각각 6편과 2편의 연구에서 활용되었음을 밝히고 있다.

③ 진로결정 수준 검사

진로결정 수준 검사지는 오시포(Osipow) 등(1980)이 개발한 진로결정 수준 검사를 고향자(1992)가 한국어로 번안한 것이 사용되고 있다. 이 척도는 개인의 진로결정에 방해가 되는 장애요소를 확인하고 진로선택과 관련하여 그가 경험하고 있는 결정 척도를 측정하는 5점 척도의 자기 보고식 18개 문항으로 구성되어 있다. 본 연구에서는 각 문항 구성은 '전혀 그렇지 않다(1점)'에서 '매우 그렇다(4점)'까지의 리커트(Likert)식 4점 척도로 구성하였다. 따라서 총점이 높을수록 진로결정 수준이 높음을 의미한다. 본 연구에서 나타난 신뢰도 계수는 .83이었다.

5. 성 격

1) 성격의 개념

성격이란 그리스어의 'persona'에서 유래되었는데, 이 말은 연극에서 배우들이 쓰던 가면을 지칭하는 말이며 일반적으로 각 개인을 특징적으로 설명하는 비교적 지속적이고 일관적인 행동양식을 의미한다.

올포트(Allport, 1937)는 '성격'을 "환경에 대한 개인의 독특한 적응을 결정하는 개인 내의 정신신체적 체계들의 역동적 조직"이라고 정의하였다. 그의 정의에 따르면, 첫째, 성격은 개인 내의 여러 요소간의 역동적인 관계로 형성되는 것이다. 둘째, 성격은 정신적인 체계와 신체적인 체계 모두에 의해 형성되는 것이다. 셋째, 성격은 각자의 독자적인 영역을 가지고 그 안에 또 다른 하위 시스템을 가지는 여러 가지 시스템으로 구성되어 있다. 넷째, 성격은 개인이 겉으로 표출하는 외현적인 행동, 사고, 감정을 결정하고 방향 지워 주는

것이다. 다섯째, 성격은 개인이 다른 사람과 구별되는 독특한 속성을 가지게
해주는 것이다. 여섯째, 성격은 외현적으로 나타나는 행동과 내적인 사고과정
모두와 관련되어 나타나는 것이다.

한편 리버트(Liebert, M. A)와 리버트(Liebert, L. L, 1998)는 성격에 대하여
"개인의 사회적 및 물리적 환경에 대한 행동과 반응들에 영향을 주는 특정한
개인의 신체적 또는 심리적 특징들의 독특하고 역동적인 조직"이라고 정의
한 바 있다.

성격에는 개인의 욕구, 자아개념, 성취동기, 포부수준, 대인관계 등 여러
가지 요인이 포함되어 있다. 한편으로 직장을 그만두게 되는 이유로 직장 내
인간관계에서의 갈등이 변인으로 나타나기 때문에, 진로를 선택하는 데 앞
서 성격을 알아보는 것은 중요한 일이라고 할 수 있다.

2) 성격 측정 도구

성격을 알아보는 방법으로는 주위 사람들의 의견과 표준화된 성격검사가
있다. 주요 검사도구로는 MBTI, 애니어그램, MMPI–II, 표준화성격진단
검사 등이 있다.

(1) MBTI 성격유형과 직업

MBTI는 Myers Briggs Type Indicator의 약어로, 개인이 선천적으로 지
니고 태어난 심리적 경향성을 파악해 보는 검사다. 브리그스(Briggs)가 융
(Jung)의 심리유형이론을 접한 뒤 20여 년 동안 주변 사람들을 체계적으로
관찰해 본 결과를 딸과 손녀까지의 연구결과물로 자기보고식 질문지 형태의
도구로 제작하였다. 95문항으로 구성된 MBTI는 인간의 네 가지 선호경향
을 나타내는 성격유형지표를 통해 각 개인이 선택적으로 더 자주, 더 일관되

게 사용하는 선호성을 파악할 수 있도록 하였다. 이 네 가지 성격유형지표는
다음과 같다(지용근 외, 2009).

① 외향성-내향성(EI: Extroversion-Introversion): 개인이 에너지를 어디
서 획득하고, 관심이 어느 쪽에 있는가에 따라 외부세계를 지향하면 외
향성(E), 내부세계를 지향하면 내향성(I)으로 구분한다.

② 감각-직관(SN: Sensing-Intuition): 정보를 수집하고 인식하는 방법에
따라 오관과 경험을 중시하면 감각형(S), 상상력이나 직관을 중시하면
직관형(I)으로 구분한다.

③ 사고-감정(TF: Thinking-Feeling): 판단을 내리고 의사결정을 하는 과
정에서 논리적 결과에 의거하여 결정을 내리면 사고형(T), 개인적 가
치에 근거하여 결정을 내리면 감정형(F)으로 나눈다.

④ 판단-인식(JP: Judging-Perception): 외부세계에 대한 태도에 있어서 판
단을 좋아하면 판단형(J), 인식과정을 좋아하면 인식형(P)으로 나눈다.

〈표 1-14〉 MBTI 성격유형과 대표직업의 예시

유 형	적합한 직업	부적합한 직업
ENFJ	성직자, 예술가, 상담가	농부, 경찰과, 엔지니어
INFJ	신학자, 교수, 심리학자	농부, 연구원, 버스기사
ESFJ	교사, 쇼핑호스트, 행정가	의사, 심리학자, 변호사
ISFJ	비서, 간호사, 사서, 경비	배우, 변호사, 건축가
ENFP	언론인, 상담사, 음악가	과학자, 관리자, 교사
INFP	예술가, 편집자, 배우	교장, 경영자, 예술가
ESFP	조사연구원, 형사, 비서	엔지니어, 건축가, 화학자
ISFP	사무원, 경찰관, 농부	회계사, 관리자, 의사
ENTP	사진사, 언론인, 관리자	형사, 교사, 예술가
INTP	화학자, 판사, 건축가	장교, 성직자, 학교장
ESTP	농부, 장교, 엔지니어	형사, 건축가, 예술가

ISTP	형사, 농부, 자영업자	사진사, 컨설턴트, 교사
ENTJ	배우, 디자이너, 교장	형사, 예술가, 요리사
INTJ	건축가, 변호사, 사진 작가	가게주인, 점원, 기사
ESTJ	경찰, 학교장, CEO	예술가, 배우, 심리학자
ISTJ	교사, 장교, 사무직원	편집자, 예술가, 성직자

─자신의 심리검사 유형이 실제로 자신을 설명하고 있는지 점검하고, 최종적으로 자신의 유형을 결정해 보시오.

─나의 성격 유형:

유형				
점수				

─자신의 성격 유형에 적합한 직업 중 선택 가능한 직업은 무엇인가?

_____

★ 내가 가장 좋아하는 작업 환경은 무엇인가?

(2) 성격진단

건강한 성격은 직업 선택이나 적응에 중요한 변인이 될 수 있다. 구체적으로 성격진단검사로 쓸 수 있는 도구로 대표적인 것은 중앙적성연구소에서 제작한 표준화성격진단검사다.

표준화성격진단검사는 여러 의미의 성격의 특성(personality traits)과 수검자의 증상적 경향 중의 일부를 과학적으로 측정·평가하여 학업·진학 및 성격의 지도와 교정·치료를 위한 기초자료를 제공함과 아울러, 이 검사를 받는 수검자의 현실적이며 객관적인 자기이해와 자기 치료에 도움을 주고자 제작된 도구다.

성격진단검사(중학생−성인용)는 우리나라 고등학생·대학생 및 일반성인의 성격적 특징, 즉 인성특성을 파악하기 위하여 표준화 제작된 인벤토리형의 검사이며 총 15개 척도(특성), 350개 문항으로 구성되어 있다.

검사에서는 크게 두 가지 척도군 즉, 기술척도와 임상척도로 나누어 성격을 측정·진단하게끔 되어 있고, 여기에 수검자의 응답의 신뢰성을 간단히 짐작할 수 있게 해주는 한 개의 타당성척도를 추가하였다.

임상척도의 문항은 극소수(15개 문항)를 제외하고는 독립적인 문항이 아니라 기술척도의 문항과 중복되어 있으며 이들 문항중 상담수는 MMPI(다면적 인성검사)에서 임상진단적 타당성이 높은 것을 참고했다.

본 검사에서 측정·평가·진단되는 각 척도 및 특성과 문항 수는 〈표 1−15〉과 같다.

이외에 성격진단검사에서 흔히 쓰이는 검사로 정신과에서 사용하는 MMPI−Ⅱ(다면적 인성검사)나 MMPI−A를 활용할 수 있다.

〈표 1-15〉 성격검사의 각 척도 및 문항

1. 기술척도
① 안정성(EST-Emotional stability)
② 지배성(DOM-Dominance)
③ 사회성(SOC-Sociability)
④ 책임성(RES-Responsibility)
⑤ 사려성(REF-Reflectiveness)
⑥ 동조성(CON-Conformity)
⑦ 남향성(MAS-Masculinity)
⑧ 충동성(IMP-Impulsiveness)
⑨ 우월성(SUP-Superiority)
2. 타당성척도(VAL-Validity scale)
3. 임상척도
① 우울경향(DE-Depression)
② 불안경향(AN-Anxiety)
③ 편집경향(PA-Paranoid tendency)
④ 내폐경향(AU-Autism)
⑤ 신경경향(NE-Nervousness)

* 출처: 중앙적성연구소(1969).

★ 나의 성격 진단적 특성과 직업

1) • 내 타당성지수는 얼마인가? _____

   • 이러한 수치가 나타나게 된 이유는 무엇인가? _____

   _____

   • 이 수치와 관련된 에피소드를 기술하시오. _____

   _____

2) • 내 성격 기술척도 중 문제가 되는 척도는 무엇인가?

   _____

_____

- 이러한 척도들을 해결하기 위한 구체적인 방안을 써보시오.

_____

_____

- 자신의 성격 특성상 권장할만한 직업적 특성은 무엇인가?

_____

_____

3) • 자신의 성격 임상척도 중 문제가 되는 척도는 무엇인가?

_____

_____

- 이러한 척도들을 해결하기 위한 구체적인 방안을 써보시오.

_____

_____

(3) 의사결정 유형

진로상담 이론에서 의사결정이론은 개인은 의사결정의 문제에서 자신의 이익을 극대화하고 손실을 극소화하는 방향으로 행동한다는 케인스(Keynes, 1973)의 이론에 바탕을 두고 있다. 개인은 여러 가지 선택 가능한 작업 중에서 자신의 투자가 최대로 보장을 받을 수 있는 직업을 선택한다는 것이 이 이론의 요지다. 따라서 의사결정이론에서는 특히 의사결정의 개념과 과정에 중점을 두고 있다.

이 이론의 대표적인 학자로서 겔라트(Gelatt, 1962)는 상담의 중요한 목표 중의 하나가 학생들로 하여금 훌륭한 결정을 내릴 수 있도록 돕는 것이라는 가정 하에 의사결정이론을 전개하였으며, 의사결정의 과정을 중시해야 한다고 제안하였다. 그의 이론은 직업선택과 발달의 과정을 의사결정을 순환과정으로 본 것으로서 상담을 위해 고안된 것이다.

합리적인 의사결정을 위해서는 먼저 진로목표를 세운 후에 그에 따른 정보를 수집한다. 수집된 정보를 갖고 가능한 대안을 탐색하는데 이러한 정보 사용이 이 이론의 핵심 과정이다. 다음으로 각 대안들의 가능성을 신중히 평가하고 그 후에 의사결정을 한다. 이러한 결정은 평가를 거쳐 수정·보완되며, 목표수정을 위한 피드백의 자료로 쓰인다. 이러한 순환과정을 요약하면 목적의식 수립 → 정보수립 → 가능한 대안의 열거 → 각 대안의 실현가능성 예측 → 가치 평가 → 의사결정 → 의사결정의 평가 → 재투입으로 정리할 수 있으며 의사결정 시에 이러한 순환과정이 반복된다.

다음은 로빈스(Robbins, 2005)가 제시한 합리적인 의사결정의 절차다.

① 문제를 구조화하고, 명확히 한다.
 - 문제는 현재 상태와 원하는 상태 간의 괴리가 있는 곳에 존재한다.

② 의사결정의 기준을 정한다.
 - 이 단계는 의사결정에서 무엇이 적절한지 또는 중요한지를 명확히 하는 단계다. 이 단계에서는 의사결정자의 관심, 가치, 목표 그리고 개인적 선호가 개입된다. 보다 중요한 것은 의사결정 기준을 정하는 이 단계에서 서로 비슷한 상황에 있는 사람들도 종종 매우 다른 선택 결과를 보인다는 사실이다. 어떤 사람이 매우 적절하다고 생각하는 기준을 다른 사람은 그렇지 않다고 생각할 수 있기 때문이다. 합리적 의

사결정 과정 중 이 단계에서 확인되지 않은 모든 요인은 의사결정자와 무관한 것으로 간주되며, 의사결정의 결과와도 관계가 없다.

③ 결정 기준의 가중치를 정한다.
  – 모든 결정기준의 중요도가 동등하지 않기 때문에, 의사결정자는 앞서 정한 기준들의 올바른 우선순위를 정하기 위해 중요도에 따라 가중치를 부여한다.

④ 대안을 찾는다.
  – 문제를 해결하기 위한 가능한 모든 대안을 찾는 단계다.

⑤ 각 대안을 평가한다.
  – 앞서 찾아진 대안들은 엄격하게 분석되고 평가되어야 한다. 이를 위해 각 대안들을 각 결정기준에 따라 채점한다. 2단계와 3단계에서 만든 기준과 가중치에 의해 비교가 이루어지면 각 대안들의 장단점이 명확히 드러나게 된다.

⑥ 가장 높은 점수를 얻은 대안을 선택한다.
  – 가장 높은 점수를 얻은 대안을 선택하는 것으로 의사결정 과정이 마무리된다.

⑦ 합리적 의사결정이 가능하려면,
  – 문제가 분명하고 명백해야 한다.
  – 의사결정자가 적절한 모든 평가기준과 대안을 찾을 수 있어야 한다.
  – 평가기준과 대안들은 중요성에 따라 순위와 가중치가 매겨질 수 있어

야 한다.

– 별다른 어려움 없이 완전한 정보를 얻을 수 있어야 한다.

– 의사결정자는 각 대안을 정확하게 평가할 수 있어야 한다.

자신의 의사결정 유형을 측정하여 활용할 수 있는 도구로써의 의사결정 유형 검사는 해런(Harren, 1984)이 대표적이다. 그에 따르면 합리적 유형은 체계적이고 객관적인 준비과정과 현실성을 고려하며, 직관적 유형은 충동적이고, 찰나적인 선택과정을 거치며, 시행착오를 거칠 가능성이 높다. 반면 의존적 유형은 타인에 의지하며, 타인의 지지와 안내를 필요로 한다. 또한 자신의 행위에 대한 책임감이 결여될 가능성이 높다.

의사결정 유형 검사(Harren, 1984)

다음 질문들은 여러분의 의사결정 유형을 알아보기 위한 것입니다. 그 내용이 자신의 입장과 똑같거나 거의 같으면 '그렇다'에, 매우 다르거나 거의 다르면 '아니다'에 ∨표 해 주십시오.

	그렇다	아니다
1. 나는 중요한 결정을 할 때 매우 체계적으로 한다.	( )	( )
2. 나는 중요한 결정을 해야 할 때, 누군가가 올바른 방향으로 이끌어 주었으면 한다.	( )	( )
3. 나는 내 자신의 즉각적인 판단에 따라, 매우 독창적으로 결정한다.	( )	( )
4. 나는 대체로 미래보다는 현재의 내 입장에 맞춰서 일을 결정한다.	( )	( )
5. 나는 모든 정보를 수집할 수 없는 상태에서는 중요한 결정을 좀처럼 하지 않는다.	( )	( )
6. 나는 왜 그렇게 결정했는지 이유는 모르지만, 곧잘 올바른 결정을 한다.	( )	( )
7. 나는 어떤 결정을 할 때 그것이 나중에 미칠 결과까지도 고려한다.	( )	( )
8. 나는 어떤 결정을 할 때 친구의 생각을 중요시한다.	( )	( )

9. 나는 남의 도움 없이는 중요한 결정을 하기가 정말 힘들다.   ( ) ( )

10. 나는 중요한 결정이라도 매우 빠르게 결정한다.   ( ) ( )

11. 나는 어떤 결정을 할 때 내 자신의 감정과 반응에 따른다.   ( ) ( )

12. 나는 내가 좋아서 결정하기보다는 남의 생각에 따라 결정하는 경우가 많다.   ( ) ( )

13. 나는 충분히 시간을 두고 생각을 한 후에 결정을 한다.   ( ) ( )

14. 나는 어떤 일을 점검해 보거나 사실을 알아보지도 않고 결정하는 경우가 많다.   ( ) ( )

15. 나는 친한 친구와 먼저 상의하지 않고서는 어떤 일이든 좀처럼 결정하지 않는다.   ( ) ( )

16. 나는 결정하는 것이 어려워 그것을 연기하는 경우가 많다.   ( ) ( )

17. 나는 중요한 결정을 해야 할 때 우선 충분한 시간을 갖고 계획을 세우며 실천
할 일들을 골똘히 생각한다.   ( ) ( )

18. 나는 결정에 앞서 모든 정보가 확실한지 아닌지를 재검토한다.   ( ) ( )

19. 나는 진지하게 생각해서 결정하지 않는다. 즉, 마음속에 있던 생각이 갑자기
떠올라 그에 따라서 결정을 한다.   ( ) ( )

20. 나는 중요한 일을 할 때 미리 주의 깊은 세밀한 계획을 세운다.   ( ) ( )

21. 나는 다른 사람들의 많은 격려와 지지가 있어야만 어떤 일을 결정할 수 있을 것
같다.   ( ) ( )

22. 나는 어떤 일을 결정한 다음, 그 결정이 내 마음에 들지 안 들지를 상상해 본다.   ( ) ( )

23. 나는 평판이 좋을 것 같지 않은 결정을 해봤자 별 의미가 없다고 생각한다.   ( ) ( )

24. 나는 내가 내리는 결정에 군이 합리적인 이유를 따질 필요가 없다고 생각한다.   ( ) ( )

25. 나는 올바른 결정을 하고 싶기 때문에 성급하게 결정을 하지 않는다.   ( ) ( )

26. 나의 어떤 결정이 감정적으로 만족스러우면 나는 그 결정이 옳다고 여긴다.   ( ) ( )

27. 나는 훌륭한 결정을 내릴 자신이 없어서 대개 다른 사람들의 의견을 따른다.   ( ) ( )

28. 나는 내가 내린 결정 하나 하나가 최종 목표를 향해 발전해 나가는 단계라고 곧잘 생각한다. ( ) ( )

29. 친구가 나의 결정을 지지해 주지 않으면 나는 나의 결정에 그다지 자신을 갖지 못한다. ( ) ( )

30. 나는 어떤 결정을 하기 전에 그 결정이 가져올 결과를 가능한 한 많이 알고 싶다. ( ) ( )

[그림 1-6] 의사결정 유형 검사(이현검, 2007 재인용)

합의적 유형: 1, 5, 7, 13, 17, 18, 20, 25, 28, 30
의존적 유형: 2, 8, 9, 12, 15, 16, 21, 23, 27, 29
직관적 유형: 3, 4, 6, 10, 11, 14, 19, 22, 24, 26

★ 의사결정 유형과 직업 연습문제

1. 자신의 의사결정 유형은 어떤 패턴인가?

2. 자신의 인생에서 가장 중요한 결정을 어떻게 했는가?

3. 의사결정 유형이 자신의 직업을 정하거나, 적응하는데 어떤 영향을 끼쳤는가?

4. 자신의 직업적 안정과 성취를 위해 의사결정 시에 개발해야할 점은 무엇인가?

6. 직업가계도

직업가계도(job genogram)는 자신을 이해하는 기초적인 자료다. 직업가계도는 생물학적인 부모, 숙모와 삼촌, 형제, 자매들 그리고 양조부모의 직업을 도표화한 것이다. 또한 이 도표는 진로와 야망, 진로 선택 등의 태도에 영향을 미친 사람들도 포함한다(Okiishi, 1987). 이는 주로 진로 상담에서 평가 전략으로 이용된다.

여기에서는 직업가계도의 부호와 더불어 직업가계도를 해석하는 방법을 제시하고자 한다.

1) 직업가계도의 의의

직업가계도는 위에서 설명한대로 생물학적 친조부모와 양조부모, 양친, 숙모와 삼촌, 형제자매 등의 직업들을 도해로 표시하는 것으로, 직업, 진로 경로포부, 직업 선택 등에 관해 자신에게 영향을 주었던 다른 사람들도 포함한다(Okiishi, 1987). 이 밖에 직업가계도는 직업상의 지각에 영향을 끼쳤을지 모르는 모형들을 찾는 데 사용될 뿐 아니라 작업자로서 자기지각(self-perception)의 근거를 밝히는 데도 사용된다.

가족의 핵심구성원인 부모들과의 상호작용들을 체계적으로 탐색함으로써 자신에 대한 관점과 직업을 선택하고자 하는 이유를 인식할 수 있다. 만일 그동안 발전시켜 온 관점이 매우 제한적인 경우(예: 고정관념적인 자기), 이에 대한 통찰이 있어야 지각물을 조사하고 변화시킬 수 있는 시작점을 설정할 수 있다. 따라서 직업가계도의 주요한 두 용도는, 첫째, 직업 인식에 영향을 미친 모델을 규명하고, 둘째, 직업인으로서 자기 인식의 원인을 규명하는 것이다.

2) 직업가계도의 작성

직업가계도는 일반 가계도를 그리는 방법과 유사하며 다음과 같은 것이 추가된다. 괄호 안에 각 친척(살아있거나 사망했거나)의 이니셜을 기입하고 각각에 대해 알고 있는 현재 직업을 기재한다. 직업명을 쓴 후, 직업 경력이 성공적이거나 성공적으로 적응하고 있으면 S, 성공적이지 않으면 U를 표시한다. 이 판단은 전적으로 주관적인 것이며, 사실이나 직접 입수한 정보에 기초한 것은 아니다.

3) 직업가계도의 효과

직업가계도를 사용하게 되면 가족들에 대해 더 잘 알고 이해하게 될 것이며, 이러한 정보는 다른 생애역할 수행과 관련되어 있다는 것 등을 알려준다.

직업가계도의 목적을 명확하게 정의하는 것이 필요한데, 직업가계도의 목적은 한 사람의 진로유산에 대한 시각적 그림을 얻는 데 있다. 따라서 다음과 같은 것을 밝히는 데 특히 관심을 기울여야 한다.

① 3~4세대 가계에 있어서의 대표적인 직업
② 여러 가족구성원의 직업에 전형적으로 두드러진 지위와 가치의 서열화
③ 가족구성원들이 직업을 선택했거나 바꾸었을 때 나타난 진로선택 형태와 방법
④ 경제적 기대 또는 압력
⑤ 가족의 일에 대한 가치

⑥ 그 사람이 성장한 또래집단 상황

4) 직업가계도 탐색하기

오키쉬(Okiishi, 1987)와 다글레이(Dagley, 1984)는 가계도의 의미를 조사
할 때 해야 하는 몇 가지 중요한 질문을 제시했다.
　모델링에 중점을 두는 오키쉬는 다음과 같은 질문을 제안했다.

① 각 개인에 의해 어떤 역할이 모델이 되고 있는가?
② 남성이나 여성에게 어떤 행동, 태도가 강화되었는가?
③ 남성이나 여성에게 어떤 처벌이 내려졌는가?
④ 가족 구성원 외에 다른 모델이 있는가?

다글레이는 다음 질문을 추가했다.

① 이 가족에게 가치로운 것은 무엇인가?
② 내담자의 가치는 가족들의 가치와 부합하는가?
③ 특정 직업 임무에 가치를 두는가?
④ 진로에 대한 세대에 걸친 신화나 편견이 있는가?
⑤ 진로에 대한 태도를 형성하는 가족 전통, 영혼, 전설이 있는가?
⑥ 가족들이 가족과 여가, 일, 가족관계는 어떻게 보는가?
⑦ 진로 유동성을 제한하는 특정 한계가 있는가?
⑧ 가족 구조를 볼 때 나타나는 직업 유형은 무엇인가?

이러한 질문에 한 가지를 더 추가할 수 있다.

가족 구성원 중 누군가가 자식 대나 손자 대에 대리만족으로 살아 보고자 하는 채워지지 않는 목표, 야망, 환상을 갖고 있는가?

① 먼저 당신의 직업가계도를 구조화하며 그에 대한 해석을 적어라. 그 해석의 정확성을 가족 구성원과 확인하라. 특히, 형제와 가족, 혹은 모두와 함께 다음 사항을 점검하라.

- 부모님, 조부모가 모범을 보여준 것은 무엇인가?
- 사람들은 자신들의 역할에 만족하는가?
- 무엇이 강화되고 처벌되는가? 성차가 있는가?
- 진로 범위가 설정되었는가?

② 내담자와 함께 질문을 통해 가족 영향을 조사함으로서 할 수 있는 많은 정보를 얻도록 노력하라.

★ 직업가계도를 그려 봅시다.

★ 우리 가족의 영향을 이해하기 위해 다음에 대하여 생각해 봅시다.

1) 우리 가족의 직업적 특성을 정리해 보시오.

  - _____
  - _____
  - _____

2) 우리 가족의 직업적 특성에 대한 나의 감정은 어떠한가?

  - _____
  - _____
  - _____

3) 우리 가족이 원하는 직업은 무엇인가?

  - _____
  - _____
  - _____

4) 가족의 도움을 받을 수 있는 직업은 무엇인가?

  - _____
  - _____
  - _____

5) 가족의 영향을 고려하면서 자신에게 적합한 직업을 선택해 보시오.

  - _____
  - _____

7. 자신에 대한 종합적 이해

가치관에 적합한 직업	흥미에 적합한 직업
적성에 적합한 직업	성격유형에 적합한 직업
성격진단결과에 적합한 직업	가정환경에 적합한 직업

[그림 1-7] 나에게 적합한 직업

→ 앞의 항목들에서 공통적으로 가장 많이 기술된 직업은 무엇인가?

_____

→ 앞의 항목들 중에서 자신에게 가장 중요한 항목은 무엇인가?

_____

제 **2** 장

직업이해

1. 직업 및 산업구조 변화 이해

직업은 산업구조의 변화 속에서 살아있는 유기체처럼 생로병사의 과정을 거치고 있다. 자신을 이해하는 것도 직업 선택에서 중요한 변인이지만, 산업 구조 속에서 직업의 변화과정을 정확히 인식하여, 발전적이고 안정적인 직업을 선택하는 것도 중요한 과정이다. 이제 현대 사회에서 각광받고 있는 직업적 특성을 소개하고자 한다.

1) 직업의 생로병사

- 다음 4가지 유형별로 직업 이름과 변화 이유를 적어 보시오.

표 2-1 직업의 생로병사

구 분	직업 이름	변화 이유
소멸직업	버스안내양	버스의 출입문 개폐 기능의 자동화와 더불어 요금징수제도의 변화에 따라 그 수요가 없어졌다.
신생직업	벨소리 작곡가	핸드폰의 대중화 및 소비자의 욕구 충족을 위하여 다양한 벨소리가 개발되고 있다.
쇠퇴직업	광원(광부)	석탄(연탄)의 수요가 점점 줄어들고, 석유나 천연가스와 같은 에너지 자원으로 대체되었다.
성장직업	프로게이머	게임산업의 발전과 더불어 각종 게임대회 활성화로 인하여 그 수요가 증가하고 있다.

1. 직업 및 산업구조 변화 이해

2) 최근의 기업체 채용 동향

우리나라는 대학 졸업 이상의 고학력 인력이 과잉 배출되고 있다. 고급인력의 과잉 배출 현상은 앞으로도 당분간 지속될 전망이며, 취업경쟁도 치열할 것으로 예측된다. 즉, 대졸 이상의 고학력자들의 인력은 이미 구조적으로 실업에 직면해 있는 상황이다. 이에 최근에는 선취업 후진학을 국가 정책적으로 제창하면서, 경제적 낭비와 고급인력의 실업화를 막으려는 추세가 보이기도 한다.

고학력이 취업에 있어서 경쟁력을 높일 수 있었던 시대라고 볼 수 없다. 현대는 졸업 후 곧바로 취업해서, 일하면서 자기발전을 위해 경력을 관리하고 지속적으로 공부를 하는 것이 더 유리한 시대라고 볼 수 있다. 이미 인력의 활용이 극대화되는 방향으로 교육체제 및 사회체제가 변화하고 있다. 기업도 최근에는 고학력자 선호로부터 과잉 학력자 고용을 기피하고 자격과 능력 본위로 채용하고 있으며, 더 나아가 중견간부를 자사직원 중에서 선발 · 양성하는 경향을 보이고 있다.

우리나라 기업들의 직원 채용 경향은 1997년부터 시작된 IMF 외환위기를 거치면서 변화하고 있다. 무엇보다도 많은 기업이 IMF 외환위기를 겪으면서 구조조정 과정에서 '원가절감'과 '생산성 향상'이라고 하는 측면을 기업 경영의 큰 맥으로 잡고 직원의 채용방식에 변화를 추구한 것이다. 따라서 신입사원을 우선적으로 채용하던 방식에서 벗어나 경력사원의 채용을 확대하고 있다. 이는 신입사원을 채용함으로써 발생하는 재교육 비용이나 재교육 기간 동안의 업무의 마비를 줄이기 위한 것이며 기업마다 원가절감과 생산성 향상을 추구해야 하는 절박한 경영 현실의 발로라고 하겠다.

정석용, 이규은(2009)에 따르면, 1997년 IMF 외환위기 이전의 기업들의 신입사원과 경력사원의 채용비율은 일반적으로 7:3의 비율로 신입사원을 주로 채용하였다. 그러나 IMF 외환위기 이후에는 신입사원과 경력사원의 채용 비율이 2:8 정도의 비율로 경력사원을 더 선호하는 경향을 보이고 있다. 따라서 앞으로는 졸업 후 곧바로 취업을 해서, 일하면서 자기계발을 통해 경력을 관리하는 것이 취업전략에서 보다 더 유리한 자리를 선점할 수도 있다.

3) 미래의 유망 성장산업

직업 선택에 있어서 미래의 유망한 성장산업을 추구하는 일은 현실적으로 매우 유리하다. 그렇다면 미래에 유망한 성장산업으로는 어떠한 것들이 있는지에 대한 고찰은 직업 선택에 있어서 유리한 위치를 점령하게 되는 것이다. 김동기(1997)는 21세기 유망 성장산업으로 다음과 같은 분야를 제시하고 있다.

21세기 유망 성장산업은 크게 세 가지로 나눌 수 있다.

첫째, 공정 혁신 및 정보·통신 네트워크와 관련된 산업을 들 수 있다. 공정 혁신과 관련된 통합제조시스템(Inteligent Manufacturing System: IMS), 24시간 가동 무인공장, 산업용 로봇과 서비스 로봇, 수직적 피라미드형 하청조직 대신 수평적 네트워크형 분업조직, 그리고 컴뮤니케이션(컴퓨터와 커뮤니케이션), 통합정보망 구축 등과 관련된 산업이 각광받을 것이다.

둘째, 자원·환경 관련 산업이 각광받을 것이다. 산업용 폐기물, 사무실 및 가정 쓰레기 등의 처리, 수질 오염, 바다와 대기 정화 관련 환경장치 산업, 불에 잘 타고 잘 썩는 플라스틱·비닐 생산, 프레온 가스 대체를 위한 신 냉매, 클린에너지원으로서 탄소와 수소 결합에 의한 연료장치, 배기가스 방지 목적의 전기 자동차 개발, 기름유출에 의한 해상오염을 방지하기 위한 이중 선박 건조, 사용자원 폐기와 재활용 산업시스템 개발 등 소위 리사이클 산업시스템 구축 등과 관련된 산업이 각광받을 것이다.

셋째, 노동력 부족 관련 산업의 등장을 들 수 있다. 공장 자동화, 사무 자
동화에 이어 가정 자동화(Home Automation: HA)의 보편화, 이동 주택(모빌
하우스)차 등장, 가사 외부화(냉동식품, 외식식품, 통신판매, 택배, 캐터링서비스
확산), 인력 파견, 인력송출회사의 등장이 보편화될 것이다.

한국노동연구원(2000)은 「21세기 노동시장정책」 보고서를 통해 21세기
초의 산업 및 노동시장 수요를 분석하였다. 연구원은 미래에는 전체 산업에
서 제조업이 차지하는 비중이 낮아질 것으로 전망했다. 그러나 전기전자, 정
밀 기계 등 지식집약적인 고기술산업은 오히려 성장·발전하여 미래에는 전
체 제조업 취업자의 비중이 높아질 것이라고 전망했다. 서비스업이 차지하

표 2-2 | 노동연구원이 선정한 50개 미래 유망직종

분 야	과정명
정보통신분야	MS사 자격과정(MCSE, MCSD, MCP, MCT), SCID, SCIP, 노벨공인관리자, 시스템관리자, 정보설계사, 공인전산감리사, Master CNE, 컴퓨터보안전문가, 밀레니엄버그전문가, Unix전문가, DB관리자, 컴퓨터그래픽스 운용사, 국가기간정보자원화, 시스템분석가, 전산관리전문가, N/W전문가, NT전문가, ERP Package전문가, E/C(전자상거래) Operater 등
금융·보험 분야	보험계리인, 투자상담사, 전문외환딜러, 국제금융전문가, 금융상품개발전문가, 금융설계사, 파생상품전문가, 금융상품영업 등
재무·유통 분야	경영지도사, 기술지도사, M&A과정, 선물중계사, Project Manager, 경영혁신전문가, 소자본창업전문가, 국제무역사, 국제계약, 해외 Project Manager, 국제 통상관리, 국제법률 전문가, 해외시장조사, 해외 Scourcing 전문가, 해외영업, 계약·Claim담당, 특허담당, 기술전력담당, 상품개발관리전문가, 품질관리전문가, 재무·회계 관리, Outsourcing 관리, Product Manager, PR Manager, 고객 상담, 영업 관리자, 전략지역 영업 관리, 채권관리, 판매채널 관리, IR영업, 국제 회계·금융, 해외법인관리자 등
기 타	동시통역사, 국제회의전문가, 비파괴검사기사, 도시계획기사, 정신보건임상심리사과정, 연구개발관리전문가 등

* 출처: 조휘각 외(2006).

는 비율은 점점 높아지고 정보화와 기술의 발전에 따라 통신, 의료, 영상소프트웨어 등에서 급성장이 예상되었다. 이에 따라 전문 기술직이 증가할 것으로 이 보고서는 예측했다(조휘각 외, 2006). 노동연구원이 선정한 50개 미래 유망직종은 〈표 2-2〉와 같다.

〈표 2-3〉과 〈표 2-4〉를 보면 미래사회에서 각광받을 유망 직종으로는 인터넷 사용인구가 늘고 언제 어디서나 쉽게 접할 수 있도록 하는 정보화 문화가 형성되면서 이에 대한 역기능으로 익명성을 무기로 등장하여 기승을 부리게 될 사이버 범죄를 막고, 이를 지키기 위한 '사이버 경찰'에 대한 수요가 크게 늘 것으로 전망되고 있다. 이 밖에도 의료기술과 장비의 발달로 장기이식이 일반화되고, 이에 따라 다양한 법적인 문제나 의료진, 기증자와 수혜자 사이의 관계에서 나타나는 문제를 원만하게 해결해 주고 이식과정에서 조정자의 역할을 하는 장기이식코디네이터 등이 미래의 유망 신종의 직업에 포함된다(조휘각 외, 2006).

표 2-3	전문가가 **뽑은** 10대 유망 직업									
순위	1	2	3	4	5	6	7	8	9	10
직업	정보보안 전문가	인사 컨설턴트	생명공학 전문가	국제협상 전문가	헤드헌터	커리어 코치	게임 기획자	경영 컨설턴트	브랜드 매니저	변리사

* 출처: 조휘각 외(2006).

표 2-4	전문가가 **뽑은** 10대 신종 직업									
순위	1	2	3	4	5	6	7	8	9	10
직업	사이버 경찰	장기이식 코디네이터	다이어트 프로그래머	실버 시티	폐업 컨설턴트	노인전문 간호사	테마파크 디자이너	푸드스타 일리스트	파티 플래너	애견옷 디자이너/ 도청방지 전문가

* 출처: 조휘각 외(2006).

다음의 〈표 2-5〉는 10년 단위로 본 우리나라 직업의 변화를 제시해 주고 있으며, 〈표 2-6〉은 21세기 대표적인 직업 131가지를 직업전망서에서 인용한 것이다. 기타로 정철영 외(2006)에서는 유망 신직업 25가지를 제시하고 있어서 자료로 실었다.

표 2-5 10년 단위로 본 우리나라 직업의 변화

시 기	명 칭	주요특징
1950년대 새문물 도입기	굴뚝 청소부 시대	한국전 이후 황폐해진 도시와 산업을 일으키기 위해 산업화의 토대를 마련하기 시작한 때다. 농업·임업·수산업 등 1차 산업 종사자가 전체 인구의 80%를 이루었다. 전차·전화·라디오 등 새로운 서구문화가 본격적으로 유입되면서 전차 운전사·전화교환원·라디오 조립원·공장노동자·군인·경찰 등이 떠오르는 유망직종이었다.
1960년대 경제도약기	기능공· 공장노동자 시대	경제개발을 위한 움직임이 시작된 시기로서, 경제도약기로 1차 산업과 더불어 경공업이 주력 산업으로 자리잡기 시작했다. 농촌을 떠난 노동인력이 대거 도시로 유입돼 공장 근로자 수가 크게 늘었다. TV나 라디오 등 초보 수준의 전자제품 제작이 가능해져 전자제품 기술자(엔지니어)가 각광받는 직업으로 등장했다. 섬유·합판·신발 분야 기능공도 이 시절엔 빠질 수 없는 인기 직종이었다. 한편 대기업 중심의 산업화가 추진되면서 회사원·타이피스트·비서·은행원·공무원 사무직종 종사자들은 선망의 대상이 되었다.
1970년대 산업화 진전기	건설노동자·은행원 시대	국가 중심으로 경제발전을 위한 산업화 시대로서 소비재 중심의 내수 시장에서 벗어나 수출과 중화학공업이 중심산업으로 부상했다. 대기업 중심의 사회경제 구조가 시작된 시기다. 이에 따라 대기업 직원, 금융계 종사자 그리고 무역회사 직원은 유망 직종이자 결혼 상대 1순위였다. 이때는 또 중동지역 해외 건설 붐을 타고 수많은 건설 노동자가 해외로 나간 시기였다. 노무사·건설현장 노동자·중장비 엔지니어는 이 시절의 특수를 잘 탄 직업들이었다. 이밖에 공작기계 기술자·전당포업자·버스 안내원 등도 주목받는 직종이었다.

1980년대 첨단산업 및 서비스업 태동기	화이트칼라 · 유통업자 시대	70년대 산업화가 결실을 맺은 80년대는 중화학공업이 크게 발전했다. 소득이 늘어나고 산업이 고도화되면서 직업환경이 급속히 변하기 시작했다. 조금씩 삶에 여유를 갖고, 문화에 대해 관심을 갖기 시작했다. 이때부터 신종직업이 속속 등장했으며 삶의 질과 관련된 산업인 증권 · 보험업에 대한 관심도 높아졌다. 88서울올림픽 유치를 계기로 도소매 유통 및 음식 · 숙박업의 종사자가 급속히 증가하기도 했다. 인기 직업으로는 컴퓨터 프로그래머 · 반도체 기술자 · 증권사 직원 · 광고 기획자 · 카피라이터 · 프로듀서 · 통역사 등이 있다. 컬러 TV가 본격적으로 보급되면서 방송연예와 프로 스포츠에 대한 대중의 관심이 크게 높아졌다.
1990년대 문화산업 진전기	전문직종 시대	국가 주도로 IT가 발달하면서 정보통신산업, 금융전문산업이 크게 각광받았다. 외환딜러 · 선물거래사 · 펀드매니저 · 프로그래머 · 벤처기업가들의 역할이 새롭게 평가되면서 사회의 고급인력으로 추앙받았다. 방송연예에 대한 관심이 인터넷 수용에 적극적인 10대 청소년들을 중심으로 빠르게 확산되면서 연예인 코디네이터 · 멀티미디어 PD · 웹마스터는 이들이 꼭 한번 도전해보고 싶어하는 인기직종이 되었다.
2000년대 첨단산업 및 레저환경 산업발전기	디지털 · 글로벌 전문가 시대	지식기반 경제활동이 활발해지면서 글로벌 인터넷 사회를 무대로 인터넷 분야 전문직이 인기를 끌고 있다. 통신네트워크 전문가 · 인터넷 솔루션 전문가가 인기가 높다. 글로벌화에 대한 기업들의 관심도 높아져 국제공인회계사 · 국제회의전문가 · 국제고용전문변호사가 앞으로 유망 직종으로 부각되고 있다. 우주와 인간의 복지에 대한 관심도 크게 늘어나 항공우주 하이테크 종사자 · 첨단의료 · 유전자감식전문가 · 전염병 전문가에 대한 새로운 인식이 싹트고 있다. 노동시간 단축, 고용의 유연화 경향에 따라 삶의 여유를 즐기려는 인식이 확산되고 있다. 이를 위해 사람들은 개인의 자산을 관리해주는 금융자산관리사의 필요성을 절실하게 느끼게 될 것이다. 실버산업이 새로운 대형산업으로 떠오르며, 환경오염에 위기감이 확산되면서 환경 전문가 · 공해방지 전문가들의 역할도 기대된다.

| 2010년대
인간중심
산업
발전기 | 인간관리 ·
복지전문가
시대 | 정보통신산업과 첨단의학 산업의 만개(滿開)한 시대로서, 노동자들의 생활수준이 높아지면서 개인 금융자산관리사와 사회복지, 레저관광 전문가를 찾는 이들의 발길이 늘어날 것으로 예측된다. 평생직장의 개념이 없어지면서 여가와 자기계발 등을 컨설팅하는 생활컨설턴트라는 신종 직업이 생겨날 것이다. 국적을 초월한 초대형 기업이 출현함에 따라 이들 기업에서 필요로 하는 인력관리 전문가의 위상도 제고될 것이다. |

* 출처: 정철영 외(2006).

표 2-6 │ 21세기 대표적인 직업 131가지

분 야	직 업	개 수
1. 경영 및 기획 관련직	공인노무사, 경영 및 진단전문가, 공인회계사, 세무사, 관세사, 감정평가전문가, 광고 및 홍보전문가, 조사전문가, 행사기획자, 경영지원사무원, 생산관련사무원, 무역운송관련사무원, 회계 및 경리사무원, 비서	14
2. 금융 및 보험 관련직	투자 및 신용분석가, 증권 및 외환딜러, 보험 및 금융상품개발자, 손해사정사, 금융 및 보험관련 사무원,	5
3. 교육 및 연구 관련직	대학교수, 자연과학연구원, 생명과학연구원, 인문과학연구원, 사회과학연구원, 중등학교교사, 초등학교교사, 특수학교교사, 유치원교사, 학원강사 및 학습지교사	10
4. 법률 및 공공 서비스 관련직	판사 및 검사, 변호사, 법무사 및 집행관, 변리사, 법률관련 사무원, 경찰관, 소방관, 교도관	8
5. 의료 및 보건 관련직	의사, 한의사, 치과의사, 수의사, 약사 및 한약사, 간호사, 치과위생사, 물리 및 작업치료사, 임상심리사, 임상병리사, 방사선사, 치과기공사, 안경사, 영양사, 의무기록사	15
6. 사회복지 관련직	사회복지사, 상담전문가, 직업상담사 및 취업알선원, 사회단체활동가	4
7. 문화예술 관련직	작가, 번역가, 통역사, 출판물전문가, 큐레이터 및 문화재보존원, 사서, 기자, 미술가, 사진가, 만화가 및 만화영화작가, 국악 및 전통예능인, 음악가, 대중가수, 무용가 및 안무가	14
8. 디자인 및 방송 관련직	제품디자이너, 의상디자이너, 실내장식디자이너, 시각디자이너, 웹 및 멀티미디어디자이너, 캐드원, 감독 및 연출자, 배우 및 모델, 아나운서 및 리포터, 촬영기사 및 방송장비기술자, 연예인 및 스포츠매니저	11

9. 운송 및 여행 관련직	항공기조종사, 선장 · 항해사 및 도선사, 관제사	3
10. 영업 및 판매 관련직	상품중개인 및 경매사, 부동산컨설턴트 및 중개인, 텔레마케터	3
11. 개인서비스 관련직	경호원 및 청원경찰, 피부미용사 및 체형관리사, 메이크업아티스트 및 분장사, 결혼상담원 및 웨딩플래너, 장례지도사, 여행서비스관련종사자, 항공기객실승무원, 스포츠레크레이션강사, 주방장 및 조리사, 바텐더	10
12. 건설 관련직	건축가(건축사) 및 건축공학기술자, 토목공학기술자, 조경기술자, 도시계획 및 교통설계전문가, 지적 및 측량기술자	5
13. 기계 및 재료 관련직	기계공학기술자, 재료공학기술자, 인쇄 및 사진현상관련조작원, 공예원, 귀금속 및 보석세공원,	5
14. 화학 · 섬유 및 환경 관련직	화학공학기술자, 섬유공학기술자, 환경공학기술자, 환경 및 보건위생검사원, 비파괴검사원, 산업안전 및 위험관리원, 환경관련 장치 조작원	7
15. 전기 · 전자 및 정보통신 관련직	전기공학기술자, 전자공학기술자, 컴퓨터하드웨어기술자, 통신공학기술자, 컴퓨터시스템설계 및 분석가, 컴퓨터보안전문가, 시스템소프트웨어개발자, 응용소프트웨어개발자, 웹전문가, 데이터베이스개발자, 정보시스템운영자	11
16. 식품가공 및 농림어업 관련직	식품공학기술자, 제과제빵사, 작물재배종사자, 낙농 및 사육관련 종사자, 임업관련종사자, 어업관련종사자	6
총 개수		131

* 출처: 한국직업전망서(2009).

유망 신직업 25가지(정철영 외, 2006)

• 아바타 디자이너: 캐릭터 기획에서 실제 디자인까지 담당하는데, 창조적 일을 하는 데 따른 정신적인 스트레스가 크다.

• 컬러리스트: 색상에 관한 모든 정보를 수집하고 분석하여 전체적인 컬러의 방향을 설정하고, 브랜드별, 아이템별로 컬러라인을 선정하고 모델별 색상을 정하는 일을 한다. 또한 정보를 수집하여 브랜드에 맞게 색채를 조정하는 능력

과 마케팅 자료 및 색의 정보에 민감해야 하며, 컬러를 예측하는 능력이 필수
적이다.

- 캐릭터 디자이너: 흥행에 성공한 만화영화 등의 등장인물 캐릭터를 활용하여 장
  난감, 문구류 등의 다양한 상품을 디자인하는 일을 한다.

  - 애니메이션 캐릭터: 대중매체용으로 제작된 만화 캐릭터(예: 미키마우스, 도
    널드덕, 윌리스와 그로밋, 벅스버니)

  - 스타 캐릭터: 유명한 연예, 스포츠 스타를 활용한 캐릭터

  - 팬시 캐릭터: 팬시 중심의 제품생산을 목적으로 제작된 캐릭터(예: 헬로키티,
    떠버기)

  - 프로모션 캐릭터: 특정목적(제품, 단체, 행사 등) 홍보를 위해 개발된 캐릭터

- 리모델링 컨설턴트: 낡고 오래된 아파트, 주택, 대형건물 등을 현대 감각에 맞
  게 최신 유행의 구조로 바꾸어 주는 개 · 보수 작업을 한다.

- 웨딩 플래너: 결혼을 앞두고 있는 신혼부부를 대신해 결혼 준비를 해주는 일
  을 담당하고, 결혼식장 준비, 음식준비, 신혼여행예약, 혼수품 구입 등을 대
  행한다.

- 미술품 경매사: 예술적 가치가 있는 예술품들을 사고 파는 역할 및 예술품의 위
  탁상담과 구매권유, 경매에 참여한 관중들을 이끌면서 한 작품 한 작품 경매를
  진행한다.

- 게임 시나리오 작가: 컴퓨터게임 개발을 위해 필요한 게임 시나리오를 작성, 개
  발 과정상의 관리 · 감독, 컴퓨터 게임 소프트웨어 구상 · 설계하는 업무를 담
  당한다. 실내 근무로 쾌적하나 야근이 잦은 단점이 있다.

- 게임방송 PD: 게임비즈니스의 전반적인 기획자로서 컨텐츠를 기획하고 완성하
  기까지의 모든 과정을 연출하는 일을 담당하고, 신규 게임방송을 기획하고, 필
  요한 스텝을 구성하며, 방송제작을 감독하는 등 방송 전반에 걸친 일을 한다.

- 온라인 캐리커쳐: 고객의 사진을 보고 인물의 표정이나 몸을 특징적으로 표현
  하는 그림(캐리커쳐)을 제작하는 일을 한다.

- 푸드스타일리스트: 고객의 취향에 따라 음식의 스타일 등을 정해주며, 파티 등
  을 구상하는 역할을 한다.

- **음악 치료사:** 인간의 인지, 정서, 신체, 사회적 행동의 바람직한 변화 도모를 위해 음악을 체계적으로 사용하는 일을 한다. 주로 프리랜서로 근무하며 한 번 치료 시 1시간~1시간 30분 정도 소요된다.
- **소믈리에(와인 감정사):** 호텔이나 고급 레스토랑에서 고객이 원하는 와인을 감정하고 골라주는 일을 한다. 품목선정, 와인리스트 작성, 와인의 보관과 관리를 하며, 호텔이나 고급 레스토랑에서 손님들에게 직접 서빙하는 일까지 담당한다.
- **네이미스트:** 고객으로부터 의뢰를 받아 기업이나 상품의 이름을 지어주는 일을 담당한다. 소비자들에게 기억될 수 있는 품명을 만드는 것이 성공의 열쇠이며, 독창적인 브랜드를 끊임없이 고민해야 하는 스트레스가 있다. 반면, 비교적 자유로운 분위기 속에서 근무할 수 있는 장점이 있다.
- **벨소리 작곡가:** 라디오를 듣고, TV를 보며 유행할 것 같은 음악을 벨소리로 만드는 일을 담당한다. 만들 곡을 정한 다음 미디어 파일로 제작하며 휴대전화마다 음원 칩이 다르기 때문에 칩에 맞게 편집하고, 변환 작업을 하고 프로그램에 넣으면 다운로드하여 사용할 수 있도록 한다. 애용층이 중·고등학생이라 취향을 파악하는데 스트레스가 있다.
- **운동 처방사:** 신체 조건과 건강 상태, 질병의 특성에 따라 적절한 운동의 종류와 방법을 알려주고 점검해 주는 일을 한다. 비만, 당뇨, 고지혈증, 지방간 등 대사질환이나 심혈관, 호흡기 질환, 골격질환, 성인병 환자 및 운동선수 등을 대상으로 적절한 운동을 처방하고 계획해 주는 일을 수행한다. 병원이나 전문 클리닉 등 비교적 환경이 좋은 시설에서 근무한다.
- **국제회의 기획·진행자:** 구체적으로 초청장 발송, 각종 예약 및 영접 등의 준비업무와 회의기간 중의 통역, 회의 진행 등의 업무를 한다. 크고 작은 국제회의를 전문적으로 진행하는 일을 하게 되는데, 회의 기획과 의전, 관광 스케줄 조정 등을 담당한다.
- **파티 플래너:** 파티 기획만 담당하는 것이 아니라 전체적인 파티 테마 선정부터 세부적인 프로그래밍, 파티 당일 파티의 원활한 진행까지 총 책임을 담당한다. 파티 컨설턴트의 경우에는 파티를 개최하기 원하는 사람들을 위해 파티를 대행해 주거나 컨설팅해 준다.

- **여행 설계사:** 시청각 교재 등을 이용해 여행에 필요한 여권 등의 서류와 출입국 기본 수속절차, 주요 국가의 역사와 문화 등에 관한 소개, 해외 여행 때의 기본 행동요령 등을 일러 주거나 해외여행을 할 때 지켜야 할 예의나 수칙 등을 교육시키는 강연회나 설명회를 열기도 한다.

- **다이어트 메이트:** 고객의 비만을 1:1로 관리해 주는 만큼 고객과 가까워야 한다. 체지방을 측정하고 식단을 짜주는 것은 기본이고 살이 빠져도 탄력적인 몸매를 갖추도록 하기 위해 집에서 할 수 있는 유산소 운동 프로그램을 짜기도 한다.

- **특수견 조련사:** 개들에게 특수한 기술을 수행할 수 있도록 조련시키는 업무를 수행한다. 특히 인명구조견, 맹인안내견, 마약탐지견 또는 연기를 하는 등의 특수한 행동을 요하는 개들의 조련을 담당한다.

- **조향사:** 여러 가지 향료를 배합하여 새로운 향기를 만들어 내는 일을 한다. 본격적인 활동을 위해 최소 2~3년의 준비과정이 필요한데, 이 기간에는 기존의 향을 분석하고 냄새를 맡는 훈련을 하고, 새로운 향료를 찾기 위해 출장을 다니기도 한다.

- **호스피스 전문 간호사:** 임종을 앞둔 암환자의 심리적 안정을 돕고 증상완화 및 통증 치료를 실시한다.

- **모델러(모형제작자):** 21세기의 모형예술계를 이끌어갈 전시모형 창작, 모형예술 경영, 전시문화산업 부문에 종사한다. 설계도면을 바탕으로 건축구조물·조경물 등의 모형을 제작하고, 완성구조물을 모형으로 축소·확대하여 제작한다.

- **바리스타(커피 전문가):** 커피를 만드는 사람으로 국내에서는 커피를 추출하는 사람을 총칭하는데, 하나의 완벽한 서비스와 소양이 요구된다.

- **정보기술컨설턴트:** 고객기업의 요구와 전산환경 등을 고려하여 시스템을 분석, 평가하고 최적의 정보시스템을 구축하도록 분석, 설계하는 일을 한다. 시스템을 관리, 수정, 보완 및 정보보안 관리 등의 업무를 담당한다.

2. 진로정보

진로정보란 개인의 진로선택 및 적응을 위해 필요한 모든 지식과 이해에 관련된 정보를 말한다. 따라서 학교교육에서 행해지고 있는 모든 교과활동이나 생활지도의 대부분이 진로정보와 관련된 것이라고 볼 수 있다. 그러나 이 모든 것을 진로정보라고 생각한다면 오히려 진로정보의 독자적인 영역을 모호하게 만들 가능성이 있으므로 일반적으로 학교현장에서 진로정보라고 할 때에는 크게 나누어서 상급학교 선택과 관련된 자료와 취업을 위한 고용정보를 중심으로 생각해 보는 것이 좋다. 이정근(1989)은 중등학교에서 학생들의 진로선택에 관한 정보를 ① 학생 자신의 개성 및 가정환경에 대한 이해 자료, ② 변천하는 일의 세계에 대한 이해 자료, ③ 상급학교 선택에 관한 자료, ④ 구체적으로 취업이나 진학을 준비하는 데 필요한 지식, ⑤ 장래의 자아실현에 필요한 사전 지식 등으로 구분하고 있다.

이러한 정보를 수집하는 데 있어서 주요 원천으로 상정할 수 있는 것은 고용주, 상급학교, 직업교육훈련기관, 정부기관(중앙고용정보원, 고용안정센터 등), 기업체, 사회단체, 직업종사자, 대중매체, 서적(한국직업사전, 한국직업전망서, 직업의 세계 등), 인터넷 등이 될 것이다.

정보를 제공하는 방법은 다양하게 제시될 수 있다. 가장 흔한 것은 인쇄매체를 통한 전달방법이다. 이 방법은 손쉽기는 하나 일반적으로 다른 매체에 비해서 내담자의 흥미나 관심을 불러일으키지 못한다는 약점이 있다. 인쇄물 이외에도 각종 시청각매체를 통하여 정보를 전달 또는 보급할 수도 있다. 그리고 게임이나 역할극 등의 탐색활동을 통하여 다양한 진로에 대한 간접경험을 제공하는 시뮬레이션 방법을 도입할 수도 있다. 때로는 학생들로 하여금 기업체나 학교 등을 방문토록 하여 정보를 얻을 수 있도록 유도하는 견

학도 활용할 수 있다.

　이때 주의할 것으로는 다음과 같은 것이 있다.

- 나의 적성이나 흥미에 맞는가?
- 내가 관심 있는 직업 분야에서는 어떤 지식을 필요로 하는가?
- 그 분야에서 필요로 하는 능력이나 기술은 어떤 것인가?
- 취업하기 위한 과정은 어떻게 되는가?
- 급여 수준은 어떻게 되는가?
- 승진은 어떻게 되는가?
- 근무시간, 통근거리, 사무실 등의 근무지 환경은 어떠한가?
- 미래의 전망은 어떠한가?

1) 인쇄매체를 통한 탐색

(1) 한국직업사전

　한국직업사전은 중앙고용정보원에서 발행하는 우리나라의 대표적인 직업사전이다. 여기에는 각 직업의 직업코드, 본 직업명칭, 직업개요, 수행직무, 부가직업정보 등에 관한 정보가 수록되어 있다. 이 책은 직무기술에 초점을 두어 만들어진 것으로 관련 자격이나 요구되는 교육훈련의 정도 등의 정보를 포함하고 있지만, 특정한 직종과 관련하여 직업과 교육에 관한 다양한 정보를 포함하고 있지는 않다. 따라서 개인이 진로탐색이나 진로선택을 위하여 활용하기에는 다소 미흡하다. 한국직업사전은 직업소개, 직업상담, 직업지도의 목적, 그리고 노동시장 정보시스템을 위한 자료가 된다. 또한 직업상담 자료, 구인구직 연결시스템의 자료, 직업분류 기초자료, 직업교육 및 훈련의 토대, 통계 및 노동정책 수립자료로 활용되고 있다.

(2) 한국직업전망서

한국직업전망서는 우리나라를 대표하는 14개 분야, 218개 직업에 대한 상세정보를 수록하고 있는 자료다. 여기에는 향후 5년간 각 직업에 대한 고용전망을 비롯하여 하는 일, 근무환경, 되는 길 등이 자세히 수록되어 있다. 또한 직업의 미래, 성장 직업과 신생직업 등의 내용도 제공하고 있다. 성장 직업은 향후 5년 동안 고용증가가 예상되는 직업을 20가지로 한정하여 정리한 것이며 각 직업에 대한 주요 업무와 고용전망을 설명하고 있다. 또한 신생직업은 의료, 복지, 문화 분야와 컴퓨터 산업 분야에서 최근에 등장하였거나 부각되고 있는 직업을 각각 10개씩 20가지를 선정하여 각 직업에 대한 간략한 소개와 문의처 등을 기술하고 있다.

한국직업전망서는 직업탐색, 직업훈련, 경력개발의 참고자료, 취업상담, 진로지도, 직업상담의 지침서, HRD 담당자, 정책결정, 인력수급 전망, 인력채용, 직무향상훈련 교육과정 개발을 위한 참고자료가 되고 있다.

(3) 기타 도서 목록

이러한 직업사전이나 직업전망서 외에도 국내에서 직업정보를 제공하는 자료는 매우 다양하다. 중앙고용정보원에서도 개인에게 유용한 정보를 구체적으로 제공할 수 있는 자료들을 만들어 내고 있다. 최근에는 청년실업이 증가하고 있으며, 누구나 직업전환을 준비해야 하는 실정이다. 따라서 취업경로가 강조되고 취업전환을 준비하는데 필요한 취업경로와 취업정보를 다룬 자료가 다수 출판되고 있다.

* 출처: 김봉환 · 김병석 · 정철영(2002).

2) 인터넷을 통한 탐색

(1) 워크넷

워크넷(http://www.work.go.kr)은 한국산업인력공단 중앙고용정보원에서 운영하는 고용안정정보망으로, 정부에서 운영하는 취업알선시스템이다. 워크넷은 노동부 전국 고용안정센터, 지방자치단체(시·군·구) 취업정보센터와 온라인으로 연결되어 있어 실시간으로 구인구직 정보를 제공한다.

워크넷에서 이용할 수 있는 주요 서비스로는 직업정보 검색, 직업전망, 인재 검색, 채용 속보, 각종 직업심리검사, 채용박람회 안내 등으로 누구나 무료로 이용할 수 있으며 취업가이드로 이력서, 자기소개서, 면접 가이드 등의 정보가 제시되어 취업 준비생들에게 도움이 될 자료들이 많다. 회원가입을 하고 개인 정보를 입력하면 구직자 자신에게 적합한 구인업체가 있을 때 이메일이나 문자로 정보를 제공해 준다. 또한 워크넷에서는 여성전용워크넷이 연결되어 있어 여성들만의 취업관련 문제점이나 노하우 등에 관한 정보를 얻을 수 있으며 그 외에도 청소년, 고령자, 아르바이트를 구하는 사람만의 워크넷이 만들어져 있다.

(2) 커리어넷

한국직업능력개발원의 진로정보센터에서 운영하는 커리어넷(http://www.careernet.re.kr)은 진로상담, 온라인 심리검사, 진로탐색 검사를 할 수 있으며 학과 정보와 직업에 관한 정보를 구할 수 있다. 직업사전의 경우 앞의 한국직업정보시스템에서 제공하는 것과 차이점은 초등학생을 위한 직업사전이나 여성을 위한 직업카드를 따로 제시한다는 것이며, 직업인들에 대한 인터뷰를 담고 있다는 점이다. 직업전망지표, 진로탐색 프로그램, 의사결정 프로그램 등 유용한 자료들이 다수 제공된다.

(3) 기타 사이트

- 한국직업능력개발원: http://krivet.re.kr
- 리크루트: http://www.recruit.co.kr
- 잡코리아: http://www.jobkorea.co.kr
- 사람인: http://www.saramin.co.kr
- 스카우트: http://www.scout.co.kr
- 인크루트: http://www.incruit.com
- 유니코서치: http://www.unicosearch.com
- 커리어: http://www.career.co.kr
- 미디어잡: http://www.mediajob.co.kr
- 메디잡: http://www.medijob.cc
- 메디컬잡: http://www.medicaljob.co.kr
- 워커: http://www.worker.co.kr
- 패션워크: http://www.fashionwork.co.kr
- 호텔잡: http://www.hoteljob.co.kr
- 파인드잡: http://www.findjob.co.kr

3) 직업카드의 활용

(1) 직업카드 분류의 의미와 장점

직업카드 분류란 직업카드를 개발하고 이를 분류하는 활동을 통해서 직업 흥미를 탐색하는 방법 또는 도구를 말한다. 타일러(Tyler, 1961)는 이를 Vocational Card Sort라고 표현하고 있다. 거스버스(Gusbers)와 무어 (Moore, 1995)는 이를 '직업카드 분류'라고 번역하고 전진수와 김완석(2000) 은 '직업카드 분류법'이라고 소개하였다.

직업카드 분류는 타일러 직업카드 분류(Tyler Vocational Card Sort: TVCS), 미주리 직업카드 분류(Missouri Occupational Card Sort: MOCS), 직업흥미카드 분류(Occupational Interest Card Sort: OICS) 등 이미 개발된 여러 직업카드 분류를 통칭하는 용어로도 사용되며, SDS(Self Directed Search)와 SII(Strong Interesting Inventory)등 타 흥미검사도구와 효과를 비교한 논문에서는 이를 약자로 VCS라고 표현하는 경우가 많다.

직업카드 분류는 진로평가의 영역 중 기존의 표준화검사로 대표되는 표준화평가, 전통적 평가, 객관적 평가와 대비되는 개념인 질적 평가, 대안적 평가, 자기평가의 영역에 속하며, 특히 개인의 대표적인 특성의 하나인 흥미를 알아보는 평가도구로 분류된다.

직업카드 분류의 장점은 매우 다양하다. 여기에서는 하르퉁(Hartung, 1999)을 비롯한 여러 학자가 언급한 직업카드 분류의 장점들을 요약하여 제시하기로 한다.

첫 번째 장점은 내담자를 능동적으로 참여하도록 한다는 점이다. 기존의 표준화된 심리검사는 내담자를 검사결과를 통보 받는 수동적인 입장으로 참여하도록 하는 데 반해, 직업카드 분류는 내담자가 직접 카드를 분류하는 신체활동을 통해 통제감을 가지게 되고, 직업흥미를 정해진 범주의 문항에 따라 반응하는 대신 내담자가 각자 자신만의 독특한 직업흥미의 이유와 범주별로 카드를 묶어보게 하고, 그 이유를 자신의 언어로 표현하도록 함으로써 능동적으로 진로탐색활동의 주체로서 참여하도록 한다.

두 번째 장점은 즉각적인 피드백을 제공한다는 점이다. 상담자들은 이 점을 전체평가 시간 중 2/3 정도의 시간을 검사를 완료하는 데 사용하고, 또한 그 채점된 결과를 기다리는 지필검사에 비해 유리하다고 보았다.

세 번째 장점은 상담자가 내담자의 여러 특징에 대한 의미 있는 정보를 얻을 수 있다는 점이다. 즉, 내담자가 카드를 분류하는 과정을 통해서 내담자의 자아개념, 직업세계관, 진로성숙의 정도, 의사결정유형, 직업세계의 이해정도, 인지과정의 복잡성 등에 대해 파악할 수 있다고 보았다. 이러한 것들은 진로상담에 있어 매우 중요한 정보로 내담자에게 어떤 정보를 제공하고 상담을 어떻게 진행하여야 할지에 대해 상담자가 결정하는 데 도움이 된다.

네 번째 장점은 유연성이다. 표준화검사는 규준집단이 다를 경우 사용에 제한이 있고 내담자가 제한적으로 반응하도록 구성되어 있는 데 반해, 직업카드 분류는 다양한 문화, 인종, 민족적 배경을 가진 사람들에게 적용할 수 있다는 점, 상담자나 연구자가 자신의 목적에 적합하도록 변형하여 활용할 수 있다는 점, 내담자의 선택과 표현이 자유롭다는 점 등 여러 측면에서 유연성을 가지고 있다.

(2) 초등학생용 직업카드: 김봉환, 조유미

초등학생용 직업카드는 63개의 직업카드와 4개의 빈카드로 구성하였다. 카드 내용 구성은 앞면에는 해당 직업명과 홀랜드 코드 유형, 초등학생의 흥미를 끌 수 있고 어떤 직업인지 쉽게 인식할 수 있도록 해당 직업을 나타내는 만화 캐릭터, 카드 번호 등을 기입하였으며, 카드 뒷면에는 해당 직업에 대해 알기 쉽게 풀이한 설명과 직업에 맞는 적성과 능력 및 필요한 자격증과 준비사항에 대한 정보를 간략하게 기입하였다.

직업카드를 이용한 진로지도 프로그램은 사전모임과 1~3회기, 과제활동 등으로 구성하고 각 회기의 목표를 직업세계에 대한 이해, 직업흥미탐색, 자신에 대한 이해로 설정하였다.

(3) 중등 및 대학생용 직업카드: 김봉환, 최명운

중등 및 대학생용 직업카드는 모두 90개로 구성되어 있다. 직업카드의 앞면에는 어떤 직업인지 쉽게 인식할 수 있도록 해당 직업의 직업명을 넣고,

카드 번호와 직업분류번호를 참고자료로 기입하였으며, 직업개요, 관련 세부정보, 홀랜드 코드 유형, 직업분류에 관한 내용을 간략하게 정리하여 기록하였다. 직업카드 뒷면에는 해당 직업의 세부적인 정보들을 기입하여 직업에 대한 정보를 자세히 알아볼 수 있도록 하였는데, 여기에 들어가는 항목에는 업무수행능력, 학력, 지식, 전공, 성격, 임금 등이 있다. 카드분류 방법은 모두 5단계로 구성되어 있는데, 그 내용은 분류 단계, 주제 찾기 단계, 순위를 정해보는 단계, 직업 확장 단계, 진로정보 요약 및 정보제공 단계 등이다.

(4) 여성용 직업카드: 김희수, 이윤우

① 여성용 직업카드의 필요성

여성이 직업을 갖는 일은 이제 선택의 문제가 아니고, 당연히 준비해야 하는 과제로 바뀌어 가고 있다. 그러나 아직도 여성이 직업을 갖는다는 것은 남성보다 현실적으로 더 많은 어려움을 내포한다. 따라서 여성 진로상담은 기존의 진로상담과는 다르게 진행되어야 한다. 내담자로 하여금 직업을 탐색하고 직업을 고려하여 준비행동을 할 수 있도록 활용되는 직업카드도 여성에게는 여성이기 때문에 필요한 정보를 포함시켜야 한다. 이러한 정보를 토대로 상담자는 여성 내담자의 진로상담을 효율적으로 진행할 수 있다.

한편으로 여자 대학생들의 직업세계에 대한 의식 또한 변화하고 있다. 여자 대학생을 대상으로 설문 조사한 결과, 여성이 많다고 생각하는 희망직업(28.5%)보다 남성이 많다고 생각하는 희망직업(49.9%)을 선택하는 비율이 높아서 여자 대학생들이 남성지배적 직종에 진출하려는 경향이 강하게 나타나고 있으며, 여학생의 고등교육 취학률이 91%에 이르는 등 고등교육 대중화로 노동시장의 많은 부분을 차지하고 있다(신선미, 정경화, 구정화, 2008).

위의 연구들을 종합해 볼 때 여성의 경제활동과 여성 전문인력이 요구되고 있는 시대에 전문교육을 받은 여성들이 남성들과 동등한 전문교육을 받았음에도 진로선택과 취업 시 많은 갈등과 어려움을 겪고 있음을 짐작할 수 있다.

그러므로 여자 대학생들이 이러한 직업세계를 이해하고 직업준비활동을 할 때 변화하는 직업세계와 여성의 직업 적응에 관한 필요한 정보를 제공하여 여자 대학생들이 노동시장진입이나 진로선택 및 취업 시 최적의 도움을 받을 수 있도록 하는 여자 대학생을 위한 진로사정도구가 필요함을 알 수 있다.

② 여성용 직업카드의 구성

여성용 직업카드는 대학생 및 성인용 직업카드는 117개로 백지카드를 포함하여 119개이며, 중학생 및 고등학생용 직업카드는 95개로 백지카드를 포함하여 97개로 구성하였다. 직업카드에는 여성이 진로를 결정하거나 직업을 선택할 때 영향을 미치는 요인이나 장애요인 등을 고려하고, 또한 선행연구를 참고하여 간략하면서도 핵심적인 요인을 기재하였다. 각 카드의 앞면에는 직업카드 종류, 일련번호, 직업분야 등을 기입함과 동시에 직업명을 부각시키면서 그 직업을 설명하는 직업개요와 여성의 진로에 대한 희망을 가늠할 수 있는 직업 내 여성비율이 적혀 있고, 카드 뒷면에는 여성의 상황적 신체적 특수성을 짐작할 수 있는 근무환경 및 업무 특징, 이 직업에 입직하기 위해 갖추어야 할 기본 소양, 적성과 관계되는 학력 및 자격, 직업의 안전성을 고려할 수 있는 직업 전망, 자신의 능력 개발이나 발전 가능성을 예상할 수 있는 직장 내 진급체계, 연계직업을 알 수 있는 관련 직업, 직업의 특수성을 알 수 있는 직업분류 등이 기입되어 있다.

직업카드 세트는 매뉴얼 1종, 워크북, 직업카드 4벌로 구성되며, 여자 중 · 고등학생용과 여자 대학생 및 성인용 두 종류로 제작하였다.

여성용(중·고등학생) 직업카드

Women's Vocational Cards 72
여성용 직업카드 중·고등학생용
운송 및 여행 관련직

여행상품기획가 및 여행가이드

직업개요
여행상품기획가: 기존에 여행지역으로 상품화되지 않은 새로운 지역을 발굴하여 새로운 여행지로 상품화시키는 일을 한다.

여행가이드: 각종 여행에 대한 정보를 제공하고, 관광지나 관광 상품을 설명하며 여행객들의 단체나 개인을 인솔하여 여행지를 안내하고 설명하는 일을 한다.

직업 내 여성비율: 35%

학지사 심리검사연구소 Copyright © 2011 by Hakjisa Publisher. All rights reserved.

여행상품기획가 및 여행가이드 72

근무환경 및 업무특징
성수기와 비수기 때 근무시간 불규칙, 장시간 근무(10시간), 여행 관련 지역 국내 및 해외 출장이 많은 편, 기후변화·시차극복 등 건강한 체력 요구.

갖추어야할 기본소양
적극성, 친화력, 인간관리 능력, 아이디어 산출능력과 기획력, 통찰력.

학력 및 자격
전문대졸(관광경영학, 외국어관련학과 등) 이상 유리, 국내외 여행경험 유리, 한국관광공사주관 관광통역안내원자격증 유리.

직업전망
향후 10년간 다소 증가 전망(웰빙문화 확산, 온라인 여행사 증가, 정부의 대규모 국제회의나 이벤트 추진)

직장 내 진급체계
여행상품기획가: 직원(일정이상의 경력) - 여행상품기획가
여행가이드: 가이드 - 중간관리자 - 여행상품기획가 전업가능

관련 직업
웨딩코디네이터, 영화 로케이션 개발자

여대생 희망직업   여성유망직업

여성용(대학생 및 성인) 직업카드

Women's Vocational Cards 81
여성용 직업카드 대학생 및 성인용
디자인 및 방송 관련직

컬러리스트

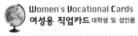

직업개요
색채에 관한 최신경향·유행 등의 모든 자료를 수집·분석하고 제품의 디자인이나 소재가 결정되면 각 소재(섬유·잉크·화장품·페인트·플라스틱 등)별로 활용도가 높은 색채의 비율로 기획하고 적용하여 상품가치를 높이고 매출의 극대화를 높이는 일을 한다.

직업 내 여성비율: 47.6%

학지사 심리검사연구소 Copyright © 2011 by Hakjisa Publisher. All rights reserved.

컬러리스트 81

근무환경 및 업무특징
기획·제작·마케팅부서 등 타부서의 종사자들과 협력관계 요구.

갖추어야할 기본소양
섬세함, 원활한 인간관계, 유행 감각, 미적 감각, 창의성, 색채 조정력.

학력 및 자격
전문대학 및 대학교의 컬러리스트과, 디자인관련학과 등 졸업 유리, 한국 산업 인력공단 주관 컬러리스트 산업기사/기사 취득.

직업 내 대졸 비율: 51.1%(2006년도 자료)

직업전망
향후 10년 다소 증가 전망(색채의 중요성 부각, 컬러리스트 영역 확대)

직장 내 진급체계
패션·제품·미용·건축·실내디자인·원에 등 다양한 분야에 진출, 반면 컬러리스트만으로 활동하는 경우는 소수임.

관련 직업
패션디자이너, 시각디자이너

여성유망직업   신종직업

[그림 2-1] 여성용 직업카드의 예

제**3**장

진로 결정 및 계획서 작성

1. 직업진로설계

1) 직업진로설계란

인간에게 성공적인 삶의 설계는 곧 성공적인 직업설계라 해도 과언이 아닐 것이다. 그만큼 직업은 인간에게 중요한 영역이다. 여기서 직업 및 진로, 직업진로의 설계란 무엇을 말하는 것인가? 직업진로설계란 자신에게 맞는 직업을 선택하여 성공적인 직업생활을 하기 위해서 준비하는 것으로, 자신에게 맞는 직업경력을 만들어 가는 데 활동이라고 할 수 있다. 그렇다면 구체적으로 직업설계는 언제부터, 어떻게, 어떤 내용으로 해야 효과적인가?

무엇보다도 먼저 해야 할 일은 성공적인 직업생활을 원하는 자기 자신에 대한 점검이 필요할 것이다. 즉,

- 나는 무엇을 하기를 원하는가?
- 내가 생각하는 직업윤리는 무엇인가?
- 내가 할 수 있는 일은 무엇인가?
- 나의 가치는 무엇이고, 어떤 능력이 있으며, 무엇에 흥미를 느끼는가?
- 나는 나에 대해 어느 정도 신뢰하는가?
- 내가 하고 싶은 일을 위해 무엇을 준비해야 하는지 아는가?

등을 확인하고 그에 맞게 직업설계를 하는 것이다.

* 출처: 송병일 · 박영주(2005).

2) 직업진로설계: 성공적인 삶의 설계(송병일, 박영주, 2005 참조)

(1) 1단계: 기획단계

기획단계는 자기를 이해하고 21세기 지식기반사회의 특성을 이해한 후 자신의 비전을 설정하여 그에 따른 기본계획을 수립하는 단계다. 그러나 우리나라에서는 대학교에 입학했음에도 자신의 미래에 대한 비전이 설정되어 있지 않거나 어떻게 해야 하는지조차 모르고 있는 경우가 많다. 따라서 이 시기는 무엇보다도 자기이해, 자기진단이 필요하다. 기획단계에서는 다음과 같은 세부적인 활동을 해야 한다.

- 21세기 직업세계와 변화의 이해
- 개인 비전 설정
- 생애목표 전개도 작성하기
- 목표에 대한 기본계획 세우기

앞의 세부적 활동을 위해 대학당국과 학생 자신은 지도교수, 선배, 학생상담센터, 진로 및 취업센터와의 공조가 잘 이루어질 수 있는 체제를 갖추어야 한다.

(2) 2단계: 자기이해 및 자기진단단계

기획단계를 구체화시키기 위한 단계로 직업, 진로와 직결된 자기 자신의 이해와 진단을 실시하는 단계다. 이 단계에서 해야 할 세부적인 활동은 다음과 같다.

- 자신의 흥미, 적성 및 능력 바로 알기
- 직업에 대한 태도와 가치를 명료화하기
- 자신의 학업성취와 전공 분야 바로 알기
- 자신의 대인관계와 사회성 이해하기
- 자신의 신체적 건강, 정서적 안정 및 가정환경 이해하기

각 대학교에서는 학생들의 심리 상담은 물론 직업 및 진로와 연관된 다양한 진로상담을 실시하고 있다. 따라서 미래의 근로자인 학생들은 무엇보다도 자신의 적극적인 참여로 자기이해와 진단에 필요한 진로상담을 이용하여 직업설계에 필요한 기초적 토양을 마련할 수 있다.

(3) 3단계: 직업설계단계

전 단계에서 확인한 자기이해와 진단을 토대로 직업설계를 위한 직업 및 진로탐색이 구체적으로 이루어지는 단계다. 이 단계에서 이루어지는 세부적인 활동은 다음과 같다.

- 자신의 흥미, 적성 및 능력을 평가하는 활동
- 정보수집 활동
- 희망 직업 찾기: 본인희망, 주위권유, 직업정보, 전문가 및 산업 탐방, 직업심리 검사
- 희망 직업 종합: 가능성을 지닌 직업 선정(약 10개) → 잠정직업 선택(약 5개 정도) → 목표직업 선택(2~3개) → 실행계획 작성

이 단계는 자기 자신이 지니고 있는 흥미, 적성 및 능력의 정도를 구체적으로 평가해 보는 중요한 단계다. 자신의 능력, 적성을 알고 나면 자신이 희

망하고 있는 직업에 대한 정보 수집을 통해 먼저 본인의 희망 직업, 주위(가깝게는 부모나 교수, 선배, 친구들)에서 권유하는 직업, 희망직업과 무관하지 않은 자신이 잠재적으로 행할 수 있다고 생각하는 직업, 그리고 최종적으로 목표 직업을 선택한다. 이러한 세부적인 단계 활동을 통해 자신의 목표 직업이 결정되면 이 직업을 얻기 위한 구체적이고 명료한 실행계획이 세워져야 한다. 즉, 이 직업을 위해 자기 자신이 할 수 있는 것은 무엇이고, 해야 할 것들은 무엇인지가 이 실행계획을 위해 구체적으로 드러나야 한다.

(4) 4단계: 추진단계

이 단계는 3단계에서 최종적으로 확인된 목표직업을 실행계획에 옮기는 데 필요한 능력개발이 이루어지는 단계다. 이 단계에서 해야 할 세부적인 활동들은 다음과 같다.

- 목표직업에 대한 상담활동과 합리적이고 구체적인 직업설계
- 목표직업에 대한 진로결정, 직업능력 개발: 교육훈련, 자격증 취득 등 준비 활동 전개
- 목표직업에 대한 구직기관 탐색 및 직업변화 점검
- 목표직업에 대한 응시와 지원 및 면접 준비, 경쟁력 개발

각 대학의 학생상담센터와 진로 및 취업, 그리고 경력센터 등을 통해 학생들의 직업 및 진로가 구체화될 수 있도록 희망하는 직업에 대한 구체적인 정보와 시장의 변화, 자격증에 대한 정보를 확인하는 것이 필요하다.

(5) 5단계: 경력개발단계

이 단계는 마지막 단계로서 대학교 졸업을 앞두고 인턴 사원제 등의 취업

에 직결되는 프로그램을 통해 실제 기업과의 접촉을 시도하는 단계다. 이 단계에서 이루어지는 세부 활동은 다음과 같다.

- 인턴사원제도, 현장체험 등을 통해 목표직업에서의 경력개발 시작
- 목표직업에 대한 전문성 고도화하기
- 목표직업이 필요로 하는 KSA의 재검토와 구체화하기
- 첫 단계에서 세운 미래의 비전 재점검과 직업을 통한 경력개발
- 행복한 삶과 직업생활을 위해 직업에 대한 지속적인 태도와 능력배양, 교육과 훈련

성공적인 직업선택 및 이를 통한 자아실현은 단순히 인지적인 수준에서 이루어져서는 안 된다. 당사자의 동기부여가 선행되어야 하기에, 학생들은 진정으로 원하는 직업, 미래의 비전, 생애 설계도를 구체적으로 세워야 한다. 따라서 대학의 구체화된 시스템과 지도교수, 학생들의 지속적인 상호활동과 대화를 통해 학생들이 대학생활동안 직업 및 진로선택, 설계에 필요한 각 단계와 그에 따른 세부적인 활동을 할 수 있도록 지도해야 한다.

3) 구체적인 진로계획 및 준비

(1) 인생 전반에 걸친 진로 계획
- 구체적인 진로이행 과정뿐 아니라, 준비과정 및 결혼, 출산 등의 인생의 중요한 생활 변화도 기술하시오.

① 20대: −

　　　　 −

② 30대: −

　　　　 −

③ 40대: −

　　　　 −

④ 50대: −

　　　　 −

⑤ 60대: −

　　　　 −

⑥ 70세 이후: −

　　　　 −

(2) 향후 2~3년간의 직업준비계획서 작성

〈표 3-1〉 향후 2~3년간의 직업준비계획서

시 기	세부시기	저 자
1차년도 (년)	전반부 (6개월)	
	후반부 (6개월)	
2차년도 (년)	전반부 (6개월)	
	후반부 (6개월)	
3차년도 (년)	전반부 (6개월)	
	후반부 (6개월)	

2. 직업 및 자격 정보 탐색

★ 직업 정보 탐색 활동

〈표 3-2〉 직업 정보 탐색 활용표 1

예비직업명: _____

주된 활동내용 (해당직업에 종사하는 사람들의 주된 일의 내용)	1. 2. 3. 4.
필요한 기술이나 자격중, 능력	1. 2. 3. 4.
요구되는 학력수준과 전공/학과	학력수준 전공/학과
필요한 자격이나 학력, 조건 등 취득 후 취업가능성	① 매우 쉽다 ② 쉽다 ③ 보통이다 ④ 어렵다 ⑤ 매우 어렵다 (최근 2~3년간 취업경쟁률을 고려하여 작성)
경제적 소득	수련기간(견습/실습) | (월평균 만 원) 초봉 | (월평균 만 원) 10년 경력 | (월평균 만 원)
직업의 사회적 공헌도	① 상 ② 중 ③ 하
21세기 지식정보사회에서 해당 직업의 향후 발전 전망	① 매우 밝다 ② 밝다 ③ 보통이다 ④ 어둡다 ⑤ 매우 어둡다

3. 직업 선택의 기준

직업 선택 기준에는 다음과 같은 요인이 있다(정석용, 이규은, 2009 참조).

1) 적 성

직업 선택에 있어서 고려해야 할 중요한 요인 중 하나는 적성이다. 자신의 적성과 소질에 맞는 일을 할 때 일반적으로 일의 능률이 향상되며, 일에 몰입하는 특성을 나타낸다고 한다. 그러기 위해서는 자신의 적성이 무엇인지 잘 알고, 직업 선택에 있어서 어떤 것이 나의 적성에 맞는 것인가를 고려하여 결정할 수 있도록 하여야 할 것이다.

2) 전 망

직업 선택의 중요한 기준 중 또 다른 하나는 직업과 직장의 발전 가능성, 즉 전망이다. 일반적으로 직업은 단기적인 것이 아니라 장기적으로 수행하는 것이기 때문에 앞으로의 전망과 발전가능성을 신중히 고려하여 선택하여야 한다. 직업의 선택이 자신의 경제적인 요구에 의한 것만이 아니라, 그 직업을 통해 자신의 행복과 자아실현을 이루려고 한다는 점에서 직업의 전망은 반드시 고려해야 하는 중요한 기준이 된다. 직업의 전망이 밝을 때 개인의 직업적 성공과 개인의 장래성이 함께 높아진다는 점을 이해할 필요가 있다.

3) 안정성

일반적으로 직업의 안정성은 사회적, 기술적, 인간적 도전을 덜 받는 정도로 파악된다. 직업을 선택하는 데 있어서 사람들은 지나친 모험을 하기보다는 평생을 통해 안정된 생활을 할 수 있는 직업을 선택하기를 원한다. 특히 사회가 불안정하고, 경제적으로 불황의 시기에는 더욱 더 안정적인 직업생활을 희망한다.

비교적 안정성이 높은 직업으로는 일반적으로 공무원, 교사, 금융업 등을 들 수 있으며, 자영업이나 자유업을 유지하는 직업에서도 의사, 약사, 변호사, 세무사 등은 안정성이 높은 직업으로 분류한다.

4) 보 수

직업을 통해서 자신의 생계를 유지하고 재산을 축적해 나가는 것이 일반적이기 때문에 직업 선택에 있어서는 직업 활동에 의한 경제적 소득, 즉 보수를 고려하지 않을 수 없다. 따라서 사람들은 같은 조건이라면 누구나 더 많은 소득을 얻을 수 있는 직업이나 직장을 선호한다.

그러나 직업의 보람은 반드시 보수에 의해서만 얻을 수 있는 것은 아니며, 자아실현과 사회참여 등 여러 가지 의미를 동시에 충족하는 직업이 가장 바람직하다. 따라서 보수가 유일한 또는 가장 중요한 직업 선택의 기준이 될 수는 없다. 즉, 오로지 보수만을 보고 직업을 선택하는 일은 바람직한 직업 선택이 될 수 없다.

5) 자아실현

　좋은 직업은 자신의 적성에 맞고 자아실현의 가능성이 높으며 장래의 전망과 안정성을 함께 보장해 줄 수 있는 것이다. 따라서 직업을 통해 자아실현이 가능한지에 대한 판단도 직업선택의 조건이 될 수 있다. 직업적 자아실현이란 직업을 통해서 자신의 인생목표를 실현하는 것을 뜻한다. 자아실현의 직업을 찾는다는 것은 곧 인생의 가치를 실현한다는 의미로, 창조적 활동을 통한 직업 수행이야말로 자신의 삶에 활기를 불어 넣어 행복을 추구하게 하는 근본이 될 수 있다.

6) 직업 환경 및 기타

　직업 선택의 중요한 기준의 하나로 직업 환경을 들 수 있다. 취업을 하는 데 있어서 고려해야 할 여러 가지 환경적 요건 중의 하나로는 지리적 요건, 즉 교통 환경을 반드시 살펴 보아야 한다. 회사와 집과의 거리나 교통 여건에 따라 다소 유리한 직업적 선택 요건이 주어진다고 하더라도 이를 수용하지 않고 회사를 변경하게 되는 경우가 발생하기 때문이다.

　그 외에 직업병의 발생 유무, 정신적 · 신체적 적응력의 가능성, 통근 거리 및 통근 수단, 직장 소재지의 지역사회 환경적 특성, 복지제도 및 인사관리제도, 시설의 첨단성 정도, 근무시간 및 여가선용 가능성, 경영자의 운영방침, 퇴직연령 및 노후보장성, 직무 내용의 난이도 및 안정성, 직무의 전문성이나 기술성 등이 고려 대상이 될 수 있다.

4. 직업 선택을 위한 사전 준비

직업을 선택하는 데 있어서 근시안적으로 선택을 해서는 안 된다. 직업을 선택하는 일은 신중해야 하며, 작업환경이나 소득만을 보고 취업하는 것은 직장 적응 시 업무 스트레스를 극복하는 데 어려움이 따르게 될 수도 있고, 불가피하게 직업 전환을 유도할 수 있다. 정석용과 이규은(2009)은 직업을 선택하기에 앞서 준비해야 할 것들이 있다.

1) 자신의 이해

자신이 어떤 직업 활동에 적합한지를 알아보는 일이다. 그러나 자신의 특성을 바르고 분명하게 알고 있는 사람은 흔치 않다. 직업 선택에 있어서 어떤 직업이 나의 특성에 맞는 것인지에 대하여 결정한다는 것은 그리 쉬운 일이 아니다. 따라서 우리는 각자 개인이 갖고 있는 선천적 요인의 인성을 최대한 살리고, 폭넓고 다용도적인 인성 개발을 통해서 보다 넓은 분야에 적응할 수 있는 적응력을 갖출 필요가 있다(이장희·정병식, 2004). 자신의 특성은 자신의 노력과 힘, 또는 공부하는 방향에 따라 변할 수 있기 때문이다.

2) 직장에 대한 분석

직업에 대한 선택이 이루어졌다면 그것을 향해 적극적으로 부딪쳐 보는 단계에서 직장과 관련한 다양한 정보를 수집하고 분석해 보아야 한다. 정보 수집은 직업 선택의 기본이므로, 다양한 자료를 찾아야 한다. 이를 위해서는 희망 직종의 회사를 방문하거나 전화 문의, 취업정보실이나 종합 인력개발원 등을 찾아가 회사 안내집이나 취업정보지를 활용하는 것도 하나의 방법이다.

이와 같은 다양한 정보를 분석하여 신중하고도 과학적인 분석을 토대로 직업이나 직장을 선택해야 하는 이유로는 다음과 같은 점을 들 수 있다.

첫째, 직업 선택을 어떻게 하느냐 하는 문제는 바로 본인의 행복과 관계될 뿐만 아니라 자신의 개성 발휘나 자아실현을 위해서 절대적이기 때문이다.

둘째, 선택한 직업을 쉽게 포기하거나 바꾼다는 것은 개인을 위해서나 가족을 위해서 대단히 큰 손실을 가져올 수도 있다는 점이다.

셋째, 직업을 선택했다가 쉽사리 포기한다는 것은 사회적으로 큰 손실을 끼친다는 점이다.

넷째, 이러한 직장 변경이나 직장 포기는 사회적 · 기술적 발전에 중대한 지장을 초래하기 때문이다(정석용 · 이규은, 2009).

이러한 점을 감안할 때 직장포기나 직장 변경은 개인에게 크나큰 손실임에 분명하다. 따라서 직업 선택을 하기 전에 직장에 대한 분석을 하는 것이 필요하며, 그 내용에는 직장명, 사훈이나 사규, 소재지, 전형방법과 모집직종, 제출서류, 시험과목 등에 대한 준비 등이 포함되는 것이 바람직하다.

3) 직무에 대한 분석

직업 선택에 있어서 중요한 것은 결국 일의 내용을 잘 파악하는 것이다. 자신이 선택하고자 하는 직장에 대한 분석만으로는 자아실현이나 개성 발휘를 위한 직업 선택의 자료로 충분하다고 말할 수 없다. 따라서 과학적인 직업인이 되기 위해서는 자신이 선택하고자 하는 직무 등에 대한 분석이 요구된다.

즉, 자신이 선택한 회사가 속한 업종은 무엇인가? 그 회사에서 자신이 속한 직종은 무엇인가? 그 포지션의 역할은 무엇이며 그 직책 또는 직위의 직

업 내용은 구체적으로 어떠한 것인가? 등에 대한 내용을 파악하는 것이 필요
하다. 직무는 각기 다른 작업 조건 하에서 행해지고, 그 작업 조건의 차이는
필연적으로 작업하는 사람의 신체적, 정신적 정도나 자격 요건 등을 규제하
고 있다.

5. 직업 결정하기

★ 나에게 맞는 유망직업 찾기

- 〈표 2-2〉, 〈표 2-3〉, 〈표 2-4〉 등에서 제시된 유망직업 목록 등을 참
조하여 관심 있는 유망직업을 5가지 정도 선택하고, 선택 이유, 현재 전
공과의 관련성에 대하여 기술하시오.

〈표 3-3〉 나에게 맞는 유망직업

유망직업명	선택 이유	전공 관련성
①		
②		
③		
④		
⑤		

★ 최종 직업선택을 위한 평가

〈표 3-4〉 가치관 검사 목록

예비직업	점수	흥미	성격	가치관	신체조건	학업능력	교육비	부모의 지지	교육훈련 자격취득 가능성	취업 기회	장래 직업전망	계
가중치(1-3)												
예비직업1	R											
( )	V											
예비직업2	R											
( )	V											
예비직업3	R											
( )	V											

R: 원점수, V: 원점수 × 가중치

* 최종 평가 방법

1. 예비직업 1, 2, 3에 대해 항목별로 아래의 기준에 맞추어 5점에서 1점을 부여하되, 원점수는 R칸에, 원점수와 가중치를 곱한 점수는 V칸에 적는다.

2. 항목별 평가 기준은 '매우 적합하다'에 5점, '적합하다'에 4점, '보통'에 3점, '적합하지 않다'에 2점, '전혀 관계없다'에 1점을 R에 부여한다.

3. 각 항목별 평가는 다음과 같은 근거로 작성한다.
   - 흥미나 성격, 가치관 등은 검사 결과를 토대로 평가한다.
   - 신체조건은 주된 활동 내용과 필요한 기술이나 자격증, 능력을 토대로 평가한다.

－학업능력은 해당 직업에 입직하기 위해 거쳐야 하는 시험에서의 합격
가능성을 토대로 평가한다.

－교육비는 요구하는 자격이나 학력수준을 갖추기 위해 소요되는 비용
일체에 대한 부담 가능성을 근거로 평가한다.

－부모의 지지는 경제적 지원보다는 해당 직업에 대한 심리적 지원을
의미한다.

－교육훈련 자격취득 가능성은 요구하는 학력이나 자격증의 취득 가능
성을 근거로 작성한다.

－취업기회는 필요한 자격이나 학력, 조건 취득 수 취업가능성을 토대
로 평가한다.

－장래 직업전망은 해당 직업의 향후 발전 전망을 근거로 평가한다.

4. 최종적으로 가장 높은 점수를 받은 직업은 무엇인가?

_____

5. 이 직업을 자신의 직업으로 선정할 것인가?

_____

6. 그렇지 않다면 다음 대안은 무엇인가?

_____

7. 이유는 무엇인가?

_____

제 **4** 장

취업 준비

1. 이력서

1) 이력서의 중요성

취업난이 심각해짐에 따라 작은 회사에서 직원을 모집하는 경우에도 1명을 뽑는데 수십 명이 몰려들었다고 하는 식의 예를 주위에서 어렵지 않게 찾을 수 있다. 이와 같이 취업 경쟁이 심해짐에 따라 이력서의 중요성이 점차 부각되고 있다. 서류전형에서 떨어지게 되면 면접을 볼 기회조차 없기 때문

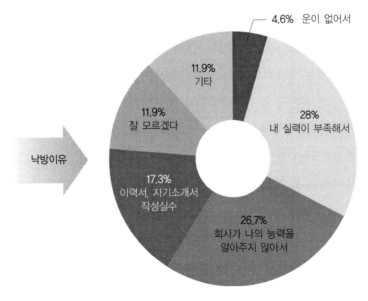

[그림 4-1] 서류전형에서의 낙방이유

* 출처: 워크넷(http://www.work.go.kr).

이다.

[그림 4-1]에서는 보는 바와 같이 지원자의 17.3%나 되는 사람들이 이력서와 자기소개서에서 이미 자격을 잃어버리게 되는 것을 볼 수 있다.

또한 이력서는 구직자와 채용담당자와의 첫 만남이라고 할 수 있으므로 좋은 인상을 남길 필요가 있다. 채용담당자가 1장의 이력서를 검토하는 데 걸리는 시간은 평균 30초이며 길어야 2분을 넘기지 않는다고 하니 짧은 시간에 자신에 대한 것을 보여줄 수 있게 깔끔하게 편집하는 것도 중요하다.

2) 성공적인 이력서 작성의 원칙

① **명확한 목적 의식과 목표 분야를 반영하라.** 당신의 경력개발 목표, 해당 회사 및 직무에 지원하는 목적 등을 압축된 한 문장으로 표현해보라. 그것은 당신이 명확한 목적의식과 목표를 가지고 지원하는 것이라는 인상을 심어줄 수 있다.

② **경력에 대해 자세히 기재하라.** 경력사원의 경우 경력 내용이 그 사람의 모든 것을 이야기해 준다. 경력 사항을 자세하게 기재하라. 재직기간, 재직 회사명, 소재지, 부서, 직급 및 직책, 담당 업무, 실제 수행했던 과제, 성취 업적 등을 아주 자세히 기재하도록 하라. 자신이 참여한 프로젝트에 대한 보고서를 별첨 형태로 작성하여 첨부하는 것도 필요하다. 하지만 절대 과장되거나 거짓으로 기재하는 우를 범하지는 말라.

③ **자신이 보유한 기술 및 능력을 최대한 기재하라.** 컴퓨터 활용능력, 보유기술, 언어구사능력, 기타 업무수행능력 등 당신이 보유하고 있는 관련 기술 및 능력을 최대한 기재하라.

④ **디자인에 신경 써라.** 당신의 이력서를 보는 사람이 일목요연하고 쉽게 당신의 이력서를 읽을 수 있도록 디자인에 신경을 쓰기 바란다. 무미

건조하거나, 정신없이 작성된 이력서보다는 깔끔하고 일목요연하게 디자인된 이력서를 보는 것이 훨씬 기분 좋은 일은 당연한 이치다. 가끔 당신이 강조하고 싶은 부분을 하이라이트 하는 것도 효과적이다.

⑤ **이력서 앞 부분에 반드시 요약을 기재하라.** 당신의 이력서를 보는 사람이 5초 안에 당신의 이력서를 계속 볼 것인지, 옆으로 치워둘 것인지를 결정할 수 있도록 도와주어라. 이력서 전반 부분에 당신의 모든 것을 압축적으로 담은 요약 부분(자신의 경력, 기술, 능력 등)을 반드시 기재하도록 하라. 단 몇 줄을 보고 당신에게 관심을 가질 수 있도록 할 수 있는 최고의 이력서 작성 전략이다.

⑥ **자신만이 알고 있는 전문 용어나 기술 용어는 가급적 피하라.** 매우 소수의 사람만이 알고 있는 전문 용어나 기술 용어는 가급적 피하는 것이 좋다. 꼭 필요한 경우에는 (　　) 혹은 주석 표시를 이용해 간단한 설명을 달아주는 것도 매우 좋은 방법이다.

⑦ **최대한 압축하라.** 이력서는 최대 3장 이상을 넘기지 않는 것이 좋다. 너무 짧고 부실한 이력서도 문제지만, 이것저것 잡다하게 늘어놓은 이력서 또한 이를 읽는 사람에게 부정적인 인상을 심어 준다. 자신에 대한 모든 것을 보여 줄 수 있는 선에서 최대한 압축하라. 서류 전형에 불필요한 요소들은 과감하게 삭제하는 용기도 필요하다.

⑧ **오타 및 오기를 절대 조심하라.** 단 한 개라도 오타 및 오기는 당신의 이미지를 매우 나쁘게 만들 수 있는 실수다. 이력서 작성 후에는 반드시 몇 번의 검토 과정을 통해 오타 및 오기가 없도록 주의하는 것이 좋다.

⑨ **한 가지의 이력서로 모든 회사와 직무에 지원하지 말라.** 기본 이력서를 작성한 후 실제 회사에 지원할 때는 지원하는 회사 및 직무에 따라 조금씩 버전을 달리하여 이력서를 제출하는 것이 좋다. 자신이 지원하는 회사 및 직무에 초점을 둔 이력서는 전문가적인 인상을 심어주기에 충분하다.

⑩ 회사에서 널리 사용하고 있는 워드 프로그램을 이용하라. 회사에서 널리 사용하고 있는 MS-Word 및 한글 등의 워드 프로그램으로 이력서를 작성하라. 특별한 프로그램으로 이력서를 작성하는 것은 피하도록 하라.

* 출처: 정철영 외(2006) 참조.

요약하면 성공적인 이력서 작성 시 주의할 사항은 다음과 같다.

① 지원 회사 이름을 정확히 기재한다.
② 규격 크기의 증명용 인물 사진을 사용한다.
③ 불필요한 자격증이나 특이한 취미는 기재하지 않는다.
④ 간단명료하면서도 구체적으로 작성하되, 자신의 장점은 부각한다.
⑤ 한 페이지가 넘어가면 페이지 번호를 표시한다.
⑥ 오타나 오기가 없도록 한다.
⑦ 평소 쓰던 대로 약어나 속어를 쓰지 않는다.

3) 온라인으로 이력서 접수하기

(1) 인터넷 취업사이트 이력서

① 내 이력서를 상단에 올리자.

• 취업사이트마다 특성이 있지만 대개 업데이트된 이력서 순으로 리스트가 나열되는 것이 보통이다. 자신의 이력서를 자주 업데이트하는 노력이 필요하다.

② 키워드를 활용하라.

• 가능하면 자신의 이력서가 많은 키워드에 의해 검색이 되도록 하라.

③ 온라인 이력 게시판에 지원할 업체의 형태에 맞춰 여러 형태의 이력서를
  등록하라.

④ '이력서 비공개'는 취업에 제한을 둔다.
• 간혹 불량 채용기업의 피해를 염려해 자신의 이력서를 비공개로 설정하
  지만 이는 스스로 구직활동 범위를 좁히는 것이나 다름없다.

⑤ 인사담당자 눈을 사로잡는 이력서 제목을 작성하라.
• 수많은 이력서 중 파일의 제목이 눈길을 끌어야 한다.

⑥ 이력서 공백은 반드시 메우자.
• 기본 정보만 입력해 놓고 기업의 연락을 기다리는 것은 어리석은 일이
  다. 기업에서 볼 때 지원자들이 이력서에 기재한 기본적인 정보만을 읽
  어본 후 채용여부를 결정하기란 쉽지 않기 때문이다.

⑦ 뉴스레터를 신청하라.
• 대규모 공채에서 수시 채용으로 분위기가 바뀌면서 일자리가 연중 수시
  로 일어나는 경우가 늘고 있다. 특히 대기업 공채와 같은 시기별로 중요
  한 채용정보를 놓치지 않기 위해서는 취업사이트에 뉴스레터 메일링 리
  스트를 등록해 놓는 것이 유리하다.

* 출처: 워크넷(http://www.work.go.kr).

(2) 이메일 자기소개서 작성법
① 이메일에 제목을 정확히 기재하라.
  • 이메일 제목에 이름(본명)과 지원 분야를 반드시 기재하라.

- 채용담당자는 하루에 수백 통의 이메일을 받기 때문에 중요한 이력서가 스팸 메일로 오해 받는 일이 없도록 해야 한다. 따라서 제목에 입사지원 서류임을 한눈에 알 수 있도록 이름(본명)과 지원 분야를 반드시 기재하는 것이 좋다. 또한 첨부파일명에도 이름과 지원 분야를 기재한다.

② 튀는 제목으로 시작하라.

- 수많은 이메일 중 파일의 제목이 눈길을 끈다면 수많은 원서 중 자신을 돋보이게 하는 길이 될 것이다. 광고카피를 연상케 하는 강렬한 문구 하나로 인사담당자에게 자신을 부각시켜라.
- 튀는 제목 예시
  - [위풍당당형]

    '절 면접 보실 기회를 드리겠습니다.' '사장님을 면접에 초대합니다.' '다른 회사 좋은 일 시키실 분은 아니시죠?'
  - [Sales형]

    '명품 인재 파격세일' '귀사에 저를 선물로 드립니다. 그냥 받으십시오.' '3인(人, 仁, 認)을 팝니다(셋트로!).'
  - [위협형]

    '안 뽑으면 회사는 더 이상 발전이 없습니다.' '해고당하는 것은 두렵지 않습니다. 다만 인재를 알아볼 줄 모르는 세상이 두려울 뿐입니다.'
  - [진지형]

    '남들이 과거를 이야기 할 때 미래를 준비하는 인재가 있습니다.' '눈물로 일궈 낸 귀사를 피와 땀으로 지키겠습니다.' '당신이 찾는 21세기형 인재? 진화하는 인재입니다.'

−[감성형]

'불을 당기십시오. 제가 기름을 붓겠습니다.' '오늘도 새벽이슬을
맞았습니다. 한 걸음 앞서 걷는 것이 쉬운 일은 아닙니다.'

* 출처: 다음취뽀카페(http://cafe.daum.net/breakjob).

③ 깔끔한 인상의 사진을 첨부하라.
- 이메일 이력서라고 해서 디지털 카메라로 찍은 자유로운 포즈와 인
  상의 사진을 붙인다면 큰 실수가 될 수도 있다. 이는 면접에 정장을
  입지 않는 것과 같은 것으로, 인사담당자에 따라 기본예의가 결여된
  것으로 판단할 수도 있다.

④ 메일 본문도 정성껏 작성하라.
- 이력서에 달랑 첨부파일만 보내고 메일 본문에는 아무 내용도 없는
  메일을 보낸다면 적극적인 구직의사가 없는 무성의한 사람으로 간주
  되기 쉽다. 따라서 짧은 인사와 함께 지원 분야, 전공, 연락처 등 간
  단한 인적사항과 지원동기를 눈에 잘 띄는 글씨체로 서너 줄 정도 간
  략하게 작성한다.

⑤ 수신확인이 가능하도록 하라.
- 안 그래도 바쁜 채용담당자에게 본인의 이력서가 도착했는지 확인해
  달라는 문의전화는 가급적 하지 않는 것이 좋다. 본인의 이메일에서
  수신확인 기능을 통해 메일이 잘 접수되었는지 확인하도록 한다.
- 마감 일자에는 평소 2~3배 이상의 접속자가 발생할 수 있으므로 마
  감 일자보다 시간적으로 며칠 여유 있게 접수하는 것이 좋다.

* 출처: 이은철(2006) 참조.

4) 이력서 작성의 실제

(긴급연락처:)

사 진	이 력 서		
	성 명		주민등록번호
	생년월일	년 월	일생 (만 세)
주 소		전화	( )
호 적 관 계	호주와의 관계		호주 성명
년 월 일	학력 및 경력 사항		발령청
	〈학 력 사 항〉		
	〈자 격 사 항〉		
	〈특기사항 및 경력사항〉		
	〈수 상 내 역〉		
	위 사실이 틀림없음.		
	년 월 일		
	㉑		

[그림 4-2] 국문 이력서 양식

☐ Personal data

   • Name:

   • Address:

   • Phone Number(Office/Home/Mobile):

   • E-mail Address:

   • Web Page(if appropriate):

   • Date of Birth:

☐ Objective

   •

☐ Special Skills & Qualifications

   ■ Computer Skills

   •

   •

   •

   •

   ■ Technologies

   •

   •

   •

   ■ Language Skills

   •

   •

   •

   ■ Certificates

   •

   •

   •

☐ Education

- ·
- ·
- ·

☐ Military Service

- ·
- ·

☐ Work Experience

- ·
- ·
- ·
- ·
- ·

☐ Volunteer Work, Community Involvement, etc.

- ·
- ·
- ·
- ·
- ·
- ·

☐ Activities & Interests

- ·
- ·
- ·
- ·

☐ References

- ·
- ·
- ·

[그림 4-3] 영문 이력서 양식

2. 자기소개서

1) 자기소개서의 중요성

황매향(2005)은 기업체에서 이력서만으로는 각 개인의 성장배경, 성격, 가치관, 지원동기 등을 파악하기 어려우므로, 이러한 내용들을 한눈에 파악하고자 자기소개서를 원하는 경우가 많다고 한다. 기업체는 자기소개서를 통해 그동안의 학교생활, 동아리 활동, 대인관계, 조직에 대한 적응력, 성실성, 책임감, 창의성 등 여러 가지 면을 파악하게 된다고 하였다.

이력서가 개인을 개괄적으로 이해하게 한다면, 자기소개서는 개인에 대해서 보다 깊게 이해하도록 돕는다.

2) 자기소개서 작성 방법

(1) 외국계 기업 입사 영문 이력서 작성법

외국계 기업의 문을 두드리는 구직자들이 늘어나면서 영문 이력서 작성법에 대한 관심이 커지고 있다. 외국계 기업은 이력서를 국내 기업보다 훨씬 더 중요한 자료로 활용하고 있다. 외국계 기업은 이력서를 통해 개인의 신상과 경력뿐 아니라 문서작성 능력도 함께 판단하기 때문이다. 효과적인 영문 이력서 작성법을 소개한다.

영문이력서는 국문 이력서와 어떻게 다른가? 형태부터 다르다. 외국계 기업에서는 사진을 요구하지 않는다. 미국 등에서는 사진을 요구하면 노동법에 저촉되기 때문이다. 나이나 주민등록번호 역시 마찬가지 이유로 기입하지 않는다. 영문 이력서는 한 항목 당 몇 줄 정도로 간략하게 작성해서 A4

용지 한 페이지 분량으로 구성하는 것이 일반적이다. 레이아웃도 가운데 정렬과 행간을 잘 활용하여 전체적으로 간결하고 깔끔하게 보이게 해야 한다. 체계적이고 가독성 높은 구성이 이력서의 경쟁력을 좌우하는 첫 단계임을 명심해야 한다.

영문 이력서 작성법은 다음과 같다(정철영 외, 2006).

첫째, 표지가 관건임을 기억하라. 영문 이력서는 표지(Cover Letter), 이력서(Resume), 경력기술서(Employment Highlight)로 구성된다. 영문 이력서의 표지 역할을 하면서 자신을 간략하게 소개하는 것이 표지인데, 외국계 기업 인사담당자들은 표지를 읽은 후 지원자의 이력서를 읽을지 여부를 판단하기 때문에 이력서 작성시 반드시 작성해야 한다. 표지에는 지원경로, 간단한 프로필, 희망연봉, 회사에 대한 관심도 등을 반드시 넣어야 한다.

둘째, 이력서에는 크게 목표(Objective), 학력(Education), 경력(Experience), 능력(Skills), 추천인(References) 등을 기본적으로 기술하게 된다. '목표' 항목은 이력서의 방향을 제시하는 것으로 지원하는 분야나 원하는 업무 범위 등을 기술하면 된다. '학력'에는 최종학력부터 써 내려가면 되는데, 통상 대학까지 기재하면 된다.

봉사활동이나 인턴 등 직무 경험은 맡았던 직책과 일의 성격을 함께 '경력'에 담으면 된다. 미국계 회사에서는 특히 봉사활동 경험을 높이 평가하기 때문에 '자원봉사(Volunteer)' 메뉴를 따로 빼서 표기하는 것이 좋다.

외국어 능력과 컴퓨터 능력, 수상경험은 '능력' 항목에 기입하고, '추천인' 항목은 통상 'Available on request(추천을 다시 요청하면 그때 알려주겠다는 뜻)'라고 써넣는 것이 관례다.

단어 선택에 신경 쓰며 'I' 'My' 'Me' 등과 같은 1인칭 대명사를 생략하고 강한 의미의 동사로 문장을 시작하는 것도 좀 더 힘 있고 읽는 사람의 관심을 집중시킬 수 있다. 예를 들어 '무언가를 했다'라는 표현을 할 때 주어를 빼고 'Did' 보다는 'Conducted' 'Achieved' 등으로 쓰는 것이 영미권 사람들에게 훨씬 더 전문적이고 비즈니스적인 느낌을 전달할 수 있다.

또 이력서에서는 모든 동사를 과거형으로 써야 한다는 점도 명심해야 한다. 한 장 이상의 이력서인 경우 첫 장의 맨 끝에 'More, Continued'를, 두 번째 상단에 'Page two'를 적는 등 세심한 주의를 기울여야 한다.

인크루트 강선진 팀장은 "외국계 기업은 자신을 철저하게 관리할 수 있는 능력을 갖춘 사람을 선호하기 때문에 이력서 작성 때 사소한 것이라도 그냥 지나쳐서는 안 된다."며 "오자나 문법적으로 틀린 문장이 없도록 몇 번이고 검토해야 한다."고 조언했다.

(2) 성공적인 자기소개서 작성의 원칙(정철영 외, 2006)

① 기승전결에 따른 짜임새 있는 문장을 구성하라. 자기소개서는 내용의 전달만이 중요한 것이 아니다. 문장 구성 및 글의 전개 형식 등은 그 글을 읽는 사람에게 당신의 성격 및 성향을 알려 준다. 기승전결이 잘 갖추어진 짜임새 있는 문장으로 자기소개서를 구성하여야 한다.

② 자신의 장점, 강점 분야, 관심 분야 및 경력 개발 계획 등을 중심으로 작성하라. 당신의 이력사항은 이력서에 충분히 기재되어 있다. 이력서에 기재된 이력 사항을 자기소개서에 반복하지는 말라. 자기소개서는 당신의 성격, 성향, 장·단점, 강점 분야, 관심 분야 및 당신의 경력개발 계획에 대한 청사진을 제시하도록 하라.

③ 헤드라인 및 하이라이트를 활용하라. '자기소개서'라는 제목 대신, 신문의 헤드라인과 같이 자신의 자기소개서 전체를 나타낼 수 있는 헤드라인을 통해 제목을 붙이거나, 당신이 강조하고 싶은 문장을 하이라이트하여 읽는 사람으로 하여금 참신하다는 인상을 심어주는 것도 좋은 방

법이다.

④ 돌출적이거나, 너무 튀는 형식은 피하라. 화려한 색깔의 사용, 파격적인 형식, 돌출적인 문장 등 지나치게 튀는 형식의 자기소개서는 오히려 조직에 적응하지 못할 것이라는 편견을 심어 줄 수 있다.

⑤ 논리적이고 합리적으로 작성하라. 문장이 전체적으로 논리적이고 합리적으로 구성되도록 문장을 작성하라. 아울러, '무엇이든지 할 수 있다'는 식의 접근 방법도 피해야 한다. 당신에 대한 객관적인 평가와 당신의 경력 목표에 부합하기 때문에 이 회사와 직무를 선택하려고 한다는 식의 논리적인 접근 방법이 필요하다.

⑥ 지나치게 현학적인 문장을 피하라. 자기소개서는 당신이 어떤 사람인지를 홍보하고, 당신이 해당 회사 및 직무에 얼마나 적합한지에 대하여 쓰는 글이지, 절대 당신의 지식이나 철학을 자랑하는 글이 아니다. 현학적인 글은 피하라.

⑦ 한자어 및 고사 성어를 적절히 활용하라. 전체 문장에서 한 두 개 정도의 적절한 한자어 및 고사 성어를 활용하여 전체 문장의 질을 좀 더 고급스럽게 만들 필요가 있다. 하지만 지나친 한자의 사용은 자칫 읽는 사람으로 하여금 거부 반응을 불러일으킬 수 있으므로 피하도록 하라. 아울러 한자를 쓸 때는 한글 옆에 괄호를 이용하여 병기하는 방식의 혼용 표기 형태를 취하도록 하라.

⑧ 오타 및 오기를 주의하라. 이력서와 마찬가지로 오타 및 오기가 없도록 꼼꼼히 체크하라.

⑨ 구태 의연한 형식은 이제 탈피하라. '저는 197×년, ××에서 태어나, 온화한 아버님과 자상한 어머님……'과 같은 극히 구태의연한 자기 소개서 형식은 탈피하는 것이 좋다. 첫 문장만으로도 당신이 얼마나 창조적이지 못하고 구태의연한 사람인지를 입증하는 것이다.

⑩ 한 장 이상을 넘기지 말라. 자기소개서는 한 장 정도가 적당하다. 그렇다고 너무 부실하거나, 불성실해 보일 정도의 분량도 곤란하다. 10~11 폰트 정도의 글자 크기로 A4지 한 장 정도 분량으로 작성하는 것이 가장 적당하며, 읽는 사람도 부담스럽지 않다.

(3) 피해야할 자기소개서 유형

최악의 취업난이 계속되는 가운데 유명 사립대의 취업담당자가 '절대로' 쓰지 말아야 할 자기소개서 유형을 소개해 관심을 모으고 있다. 연세대학교 취업정보실 김농주(50세) 취업담당관은 78개 대기업과 외국계 기업 인사담당자들과 면담한 결과를 토대로 서류전형에서 피해야 할 자기소개서 유형을 7가지로 정리 · 공개하였다.

그가 공개한 '피해야 할' 자기소개서 유형은 ① 과대포장형, ② 가문자랑형, ③ 중언부언형, ④ 생략형, ⑤ 아부형, ⑥ 만연체형, ⑦ 신앙강조형 등 7가지다.

① 과대포장형은 사실보다는 과장이 많다는 게 단점으로, 과장이 느껴진다면 인사담당자에게 오히려 부정적인 영향을 미칠 수 있다.
② 가문자랑형의 특징은 할아버지로 시작, 가문의 스펙을 줄줄이 늘어놓는 것으로, 자기소개서인지 가문소개서인지 구분이 가지 않는다는 약점이 있다.
③ 중언부언형의 경우 수다를 떨듯이 신변잡기를 늘어놓지만 구직과 관련된 내용은 찾아보기 힘들다는 게 문제다. 심지어 인터넷 상에서나 쓰는 '이모티콘(감정을 나타내는 기호)'으로 자신을 표현하는 것도 피해야 한다.
④ 생략형 구직자들은 자기소개서 분량이 A4 용지 반 페이지에 불과하다. 간략한 소개도 좋지만 너무 간결한 나머지 구직자에 대한 정보가 부실

해지면 안된다.

⑤ 아부형은 '뽑아만 주신다면 무슨 일이든 열심히 하겠다'는 스타일로, 의지는 충만하지만 '왜 나를 뽑아야 하는가'에 대한 답이 빠져 있다는 게 함정이다. 지원 회사에 자신이 최적의 존재임을 알리되 동정심에 기대는 것은 금물이다.

⑥ '저는 언제 어디서 태어났고……'로 시작하는 만연체형의 경우 인사담당자가 구직자의 특성을 파악하기 어려우므로 자신의 장점을 자기소개서 서두에 배치해야 한다.

⑦ 신앙강조형은 지원회사나 업무의 성격과 상관없이 종교와 신앙활동에 대한 얘기만 가득하다는 것이 단점이다.

이런 7가지 유형을 피하면서 자기소개서를 읽은 뒤 구직자의 이미지가 떠오르도록 작성해야 한다고 김농주 취업담당관은 조언한다. 그는 "한 인사담당자는 자기소개서를 읽는 데 5일이 걸렸다고 말할 만큼 요즘 채용에서는 자기소개서의 비중이 높다."며, "따라서 지원회사의 문화를 이해하고 꼼꼼히 준비해 자기소개서 작성에 심혈을 기울여야 한다."고 조언했다.

3) 제 출

(1) 지원서류 꾸미기

① 지원서류 종이 선정

일반 하얀색 A4 용지에 입사지원서류를 출력하는 사람들이 대부분이다. 이력서를 눈에 띄게 꾸미기 위하여 몇 가지 종류의 종이를 추천한다.

- 콩코르는 고급 서한용지로서 가는 줄무늬가 있다. 빛에 비추어 보면 워터마크가 들어있으며 고급스러운 느낌을 준다.
- 팝셋은 빛이 나는 펄 느낌의 종이로 은은한 느낌을 준다.
- 키칼라메탈릭은 메탈 느낌의 강한 이미지를 주는 종이로 디자인이나 광고 계통의 이력서에 적당하다.

② 봉투
- 입사지원 봉투는 되도록이면 종이 크기에 딱 맞는 봉투를 준비한다.
- 봉투에 입사지원서류임을 명시하고 지원 분야도 적는다.

③ 구비서류
- 회사에서 요구하는 구비서류는 되도록이면 원본으로 준비한다.
- 이력서가 맨 앞으로, 그 다음은 자기소개서, 그 다음은 지원회사에서 중요시하는 서류 순으로 배치하라. 채용공고에 '어학성적표' 혹은 '평점 ××이상'이라는 문구가 있으면 그 자격증을 앞쪽으로 배치한다.
- 서류들은 스테이플러, 클립 등으로 고정시키고, 가로로 되어 있는 서류가 있다면 가로로 철을 해서 세로 사이즈에 맞게끔 접어라. 읽는 사람이 서류를 좌, 우로 돌리지 않고 볼 수 있게 배려하는 것이다.
- 서류들의 왼쪽 위 모퉁이(스테이플러가 찍힌 곳)는 삼각 모양으로 눈에 띄는 종이를 접어서 끼워라. 이렇게 하면 수북하게 쌓여있는 이력서들 중에서 확실히 눈에 띌 것이다.
- 자격증이 다수일 경우에는 되도록 한눈에 볼 수 있도록 한 장에 복사한다.

* 출처: 인크루트(www.incruit.com).

(2) 자기소개서 첨부서류

① 전공 및 기술 관련 자격증 사본

② 각종 교육과정 이수증 사본

③ 지도교수 추천서

④ 작업 포트폴리오

⑤ 정보처리/사무관련 자격증 사본

- 정보처리, 워드프로세서, 사무 자동화, 컴퓨터 활용능력, PCT 등

⑥ IT 관련 자격증 사본

- MCSE, MCP, 네트워크 관리사, 인터넷 보안 전문가 등

⑦ 기타 자격증

* 출처: 워크넷(http://www.work.go.kr).

4) 자기소개서의 평가

(1) 인사담당자 체크포인트

- 전공은 무엇이며, 얼마만큼의 실력을 배양했는가?
- 전공 이외의 경력 사항은 무엇인가?
- 업무에 쉽게 적응하며, 이해력이 빠른가?
- 어떠한 성격의 소유자인가?
- 비전을 가지고 있는가?
- 조직에 융화될 수 있는 사람인가?
- 사물을 긍정적으로 바라보는가?

(2) 자기소개서 문장의 평가항목

- 논리력이 있는가?

- 창의력이 있는가?
- 꾸밈이나 거짓은 없는가?
- 우리말에 대한 표현과 이해력이 빠른가?

* 출처: 워크넷(http://www.work.go.kr).

취업분야		기업체명	
성장배경 (성장과정)			
자신의 특성 (성격, 인생철학)			
자신의 전문성			
입사동기 (지원동기)			
장래희망 및 포부 (입사 후)			

[그림 4-4] 자기소개서 양식 예

3. 면 접

1) 면접의 중요성

면접은 취업을 위해 넘어야 할 최종 관문이며 지원자의 인상, 인품, 언행, 지식 등을 알아볼 수 있는 시험이다. 면접에서는 필기시험이나 서류전형으로는 알 수 없는 그 사람의 됨됨이나 잠재적인 능력, 예상되는 회사 적응 모습들을 알 수 있기 때문이다. 최근에는 서류전형이나 시험보다 면접의 비중이 늘고 있어 그 중요성은 더욱 커지고 있다. 면접관은 지원자의 전체 능력과 궁금한 것을 그 자리에서 알 수 있기 때문에 좋은 기회이며 지원자는 자신의 재능을 보여줄 수 있기 때문에 좋은 기회가 된다.

2) 면접 진행 절차에서 알아 둘 사항(윤치영, 2004)

① 면접장 도착

면접장에 도착하는 그 순간부터 자신의 행동을 평가하는 사람이 있다는 생각을 갖고 침착하게 행동해야 한다. 정해진 시간보다 10분 내지 15분 일찍 회사에 도착, 입사지원자 출석 현황에서 자신의 이름을 반드시 확인한 후 안내에 따라 대기실에 입실한다.

② 대 기

지정된 대기실에서 담당 직원으로부터 면접 시의 유의사항, 절차 등에 대해 전달받고 작성할 사항이 있으면 깨끗이 정성들여 작성한다. 지시사항이 끝나면 자신의 면접 차례가 올 때까지 준비된 회사소개 자료를 보면서 면접

예상 질문과 답변을 머릿속으로 정리하며 마음을 가다듬는다. 면접 차례를 기다릴 때도 면접장에 앉아 있는 것과 마찬가지로 자세를 흐트러뜨리지 않도록 주의 한다. 비스듬히 기대거나, 다리를 꼬고 앉거나, 옆 사람과 소리 높여 잡담하는 등 불필요한 행동은 금물이다. 대기 시간도 면접의 한 단계임을 유념해야 한다. 면접에 들어가기 전에 화장실에 다녀오거나 최종적으로 복장상태를 점검하는 것이 필요하다. 여성 면접자의 경우 화장을 고치고 싶다면 화장실을 이용하는 것이 좋다.

③ 호 명

회사 측 진행자가 호명을 하면 "예"하고 정확히 답변을 한 후 면접실 문을 두세 번 노크한다. 안에서 들어오라는 지시가 있으면 조용히 문을 열고 들어간다. 특별히 들어오라는 지시가 없을 경우 1~2초 여유를 두고 들어가면 된다.

④ 입 실

자신감 있는 태도로 면접실에 들어간 후 면접관을 향해 미소 띤 얼굴로 가볍게 인사를 한다. 면접관이 지시하는 대로 자기 자리로 간 후 정식으로 면접관에게 인사하고 자신의 수험번호와 이름을 정확하게 말한다. 면접관이 앉으라는 지시를 하면 조용히 의자를 당겨 앉는다. 의자에 앉을 때는 의자 깊숙히 앉고 상체를 편 채 앉는 것이 좋다. 무릎은 남성의 경우 어깨 넓이만큼만 벌려 앉고, 여성의 경우 양 무릎과 정강이를 붙인 상태로 앉는 것이 무난하다. 두 손은 무릎 위에 가지런히 얹고 시선은 면접관을 주시한다.

⑤ 질의응답

면접관의 질문이 시작되면 가능한 긴장을 풀고 침착하게 질문내용을 경청한다. 답변을 할 때에는 질문내용에 대해 머릿속으로 생각을 정리한 후 천천히 분명하게 대답한다. 너무 빨리 말하거나 말끝을 얼버무리는 듯한 인상을 주지 않도록 주의하고 목소리는 차분하면서도 자신감 있는 어조로 활기차게 말해야 한다. 답변을 할 때에는 결론을 먼저 말한 후 세부적인 내용을 설명하는 방식을 취하는 것이 좋다. 질문한 내용에 대해 잘 알고 있다고 하더라도 너무 장황하게 답변하거나 자신이 그 분야에 대해 전문가처럼 답변해서는 안 된다. 알고 있는 것에 대해 솔직하고 자신감있는 어조로 간단명료하게 답변하면 된다. 반대로 너무 빈약한 답변은 삼가는 것이 좋다. 질문내용을 잘 모르더라도 머뭇거리거나 머리를 긁적이는 등의 행동은 피해야 하며 "죄송합니다. 다시 한 번 말씀해 주십시오." 혹은 "죄송합니다만 질문 내용을 제대로 이해하지 못했습니다."라고 분명하게 표현하는 것이 좋다.

⑥ 퇴 장

면접관이 면접이 끝났음을 알리고 나가도 좋다고 하면 자리에서 조용히 일어나 "감사합니다."라고 인사한 후 의자를 바르게 정돈한 뒤 문을 향해 걸어 간다. 퇴실할 때도 입장할 때와 마찬가지로 조용히 문을 열고 밝은 표정을 지으며 당당한 걸음으로 나가야 한다. 면접관은 지원자가 나가는 모습까지도 유심히 지켜보고 있다는 점을 잊어서는 안 된다.

3) 면접 준비

(1) 곤란한 면접 질문

– 다음 각 면접 질문을 읽어보고, 면접관이 해당 질문을 통해 당신에게서 무엇을 알아보려고 하는지를 맞추어 보십시오. 각 질문마다 제시된 보기 중에서 1개의 선택 칸(□)에 'V' 표시하면 됩니다.

〈표 4-1〉 곤란한 질문에 대한 대처 능력 테스트

면접 시 곤란한 질문	면접관의 질문 의도(목적)는 무엇인가?
① 자기소개를 간단하게 해 주시겠습니까?	☐ ① 어려운 질문에 들어가기 전에 면접 분위기를 좀 풀기 위해 ☐ ② 아직 나의 이력서를 읽어보지 못해서 ☐ ③ 나의 성품이나 이전 경력, 또는 개인적인 인생 경험들이 지금 이 직무를 담당하는 데에 도움이 될 것인지를 알고 싶어서
② 내가 다른 지원자들이 아닌 당신을 고용해야 하는 이유는 무엇입니까?	☐ ① 뭔가 특별한 이유를 말해서 면접관을 설득시켜 보라는 의도에서 ☐ ② 나의 자격 요건을 간단히 요약해서 말하라는 의도에서 ☐ ③ 다른 지원자들의 능력을 깎아내리지 않고 이 질문에 대답할 수 있는지 알고 싶어서
③ 가장 최근의 연봉은 얼마입니까?	☐ ① 면접관이 어떻게 하면 나에게 되도록 낮은 연봉을 지불할까 하는 의도에서 ☐ ② 나의 현 직급이나 대우가 지금 직무를 담당하기에 적합한지 알고 싶어서 ☐ ③ 내가 거짓말을 해도 다 알수 있지만, 형식상 이 질문을 할 따름이다
④ 혼자 일하는 것을 좋아합니까? 아니면 사람들과 같이 일하는 것을 좋아합니까?	☐ ① 지금 지원하는 직무가 혼자 일하는 것과 사람들과 같이 일하는 것 중에서 어느 쪽에 해당되는지 알고 싶어서 ☐ ② 면접관이 나를 가장 잘 맞는 직무에 배치할 수 있도록 어떤 업무방식을 좋아하는지 알고 싶어서 ☐ ③ 내가 두 방식 모두를 좋아한다는 사실을 믿게 면접관을 설득하라는 의도에서
⑤ 당신이 이전 직무에서 가장 최근에 해결하지 못했던 문제는 무엇입니까?	☐ ① 내가 그 경험을 통해 어떤 교훈을 얻었는지 알고 싶어서 ☐ ② 그 문제 상황이 내게 이 회사에서 경험할 지도 모르는 문제만큼 힘든 것인지 알고 싶어서 ☐ ③ 스스로 고난이나 역경을 극복할 만한 용기가 없다는 것을 인정받기 위해서
⑥ 당신은 10점 만점에 몇 점 정도 된다고 생각합니까?	☐ ① 내가 자신을 평가한 결과와 면접관이 나를 평가한 결과가 얼마나 일치하는지 궁금해서 ☐ ② 나에 대해 건방진 태도가 아닌 자신감 있는 태도로 설명해 주길 바래서 ☐ ③ 면접관이 몇 점 정도로 평가할 것 같은지 내가 맞춰 보기를 원해서
⑦ 당신의 가장 큰 단점은 무엇입니까?	☐ ① 면접관이 나를 고용하면 안되는 이유가 있는지 알고 싶어서 ☐ ② 나의 단점을 어떻게 장점으로 변화시킬 수 있는지에 대해 면접관을 설득시켜 보라는 의도에서 ☐ ③ 내가 당황하거나 어색해 하는 모습을 보고 싶어서
⑧ 5년 후에는 어떤 일을 하고 싶습니까?	☐ ① 내가 이 직무를 정말로 담당하고 싶은지 알고 싶어서 ☐ ② 내가 이 직무를 담당할 만큼 진취적인 사람인지 알고 싶어서 ☐ ③ 나를 채용할 경우, 나와 회사 모두 각자가 서로 원하는 바를 달성할 수 있을 것 같은지 알고 싶어서
⑨ 당신이 경험한 상사 중 가장 나쁜 상사에 대해 이야기해 보시오.	☐ ① 앞으로 같이 일하게 될 사람들과 어떻게 친해지고자 또는 좋은 관계를 맺고 자 하는지 알고 싶어서 ☐ ② 그러한 상사에 대해 한 번 솔직하게 말해 주길 원해서 ☐ ③ 이 회사의 상사들은 대체로 냉정한 편인데, 이들과 잘 지낼 자신이 있는지 알고 싶어서

⑩ 올해 나이가 어떻게 되십니까?	□ ① 내가 이 직무를 맡기엔 너무 나이가 많은 것은 아닌지 알고 싶어서 □ ② 이렇게 약간 무례한 질문을 받았을 때 어떻게 대처하는지 알고 싶어서 □ ③ 말 그대로 나의 나이를 알고 싶어서

* 출처: 정철영 외(2006).

(2) 곤란한 면접 질문의 의도 해설

－아래의 정답란을 통해 당신이 면접관의 의도를 정확히 맞추었는지를 점검해 보시기 바랍니다.

〈표 4-2〉 곤란한 면접 질문의 의도 해설

면접시 곤란한 질문	정답	해설
① 자기소개를 간단하게 해 주시겠습니까?	③	① 면접관은 이런 의도를 가지고 있는 것은 아니다. 면접관은 당신의 성품이나 이전 경력, 또는 개인적인 인생 경험들이 지금 이 직무를 담당하는 데에 도움이 될 것인지를 알고 싶어하는 것이다. 따라서 대략 2분 가량 당신의 학창시절이나, 어린 시절의 성장과정, 학교생활, 또는 현 직무를 담당하는 데에 도움이 될 만한 기타 과외 활동들에 대해 말할 수 있도록 준비하여야 한다. ② 그렇지 않다. 면접관은 이미 당신의 이력서를 다 읽었다. ③ 정답.
② 내가 다른 지원자들이 아닌 당신을 고용해야 하는 이유는 무엇입니까?	①	① 정답. 따라서 이런 질문에 대한 대답은 면접 전에 미리 생각해 두어야 한 다. 만약 이 질문을 직접 받지 않았다 하더라도 적당한 기회에 이러한 답 변 내용을 말할 수도 있다. 우선 당신 자신에게 물어보라. '내가 이 직무 를 담당하기에 가장 좋은 요건은 무엇인가? 내가 이 직무를 담당하는 데 에 꼭 필요한 업무 경험을 해 보았음을 어떻게 증명할 수 있을까?' ② 면접관은 단순히 당신이 자신의 자격요건을 요약하기를 원하지는 않는 다. 면접관은 당신을 고용해야 하는 뭔가 특별한 이유를 찾고 있는 것이 다. 이 때 면접관이 당신의 현황(업무환경, 직원들의 전반적인 특성) 및 현 직무를 지원자가 담당했을 경우의 예상되는 장ㆍ단점에 대해 말해준 다면 당신은 보다 더 풍부한 정보를 근거로 자신이 현 직무에 적합한지를 판단할 수 있을 것이다. ③ 정답.

③ 가장 최근의 연봉은 얼마입니까?	②	① 물론 면접관이 이런 의도를 가지고 있을 수도 있다. 그러나 면접관이 이보다 더 알고자 하는 것은 당신이 과연 이 직무를 담당하기에 적합한 직급 수준에 있는지의 유무다.
		② 정답. 연봉은 당신이 현 직무에서 새로운 직무를 담당하기에 적합한지를 가늠할 수 있는 하나의 척도다. 따라서 당신의 현 연봉이 낮은 편이라면 다음과 같은 진술을 첨가하라. "저는 현재 제 일을 좋아하기 때문에, 제가 직장을 옮기려는 가장 큰 이유는 제가 시장가치보다 낮은 연봉을 받는다고 생각하기 때문입니다." 만약 당신의 연봉이 높은 편이라면 이런 식으로 말하라. "연봉은 높았지만 일하면서 돈보다 더 중요한 가치를 발견하고 싶었습니다."
		③ 면접관이 이러한 의도로 이 질문을 하는 것은 아니다. 그러나 자신의 연봉을 말할 때 거짓말을 해서는 안 된다.
④ 혼자 일하는 것을 좋아합니까? 아니면 사람들과 같이 일하는 것을 좋아합니까?	③	① 이 질문은 그렇게 교묘한 추측까지 하게 만드는 질문은 아니다. 당신이 지금 해야 할 일은 당신이 2가지 상황 모두에 잘 적응할 수 있음을 보여주는 것이다.
		② 이런 배치를 받기를 원하는 건 당신의 희망사항일 뿐이다. 다음과 같은 형식으로 말할 수 있도록 연습해 보라. "저는 프로젝트 팀에서 일을 하면서 다행히도 개성이 매우 강하고 독창적인 사람들과 일할 기회가 있었습니다. 이런 경험을 하면서 저는 팀워크가 개인의 역량을 훨씬 넘어서는 놀라운 성과를 발휘한다는 점을 체험할 수 있었습니다. 또한, 한 경우에는 저 혼자 매우 신속하고 능률적으로 작업해서 인정을 받은 적도 있습니다."
		③ 정답.
⑤ 당신이 이전 직무에서 가장 최근에 해결하지 못했던 문제는 무엇입니까?	①	① 정답. 면접관은 당신이 왜 문제를 해결하지 못했는지가 아니라, 당신이 그 상황으로부터 어떤 교훈을 얻었는지를 알고 싶어하는 것이다. 물론 당신은 어떤 문제를 해결하지 못해 자신이 멍청하다는 인상을 남기거나, 이 문제를 거론함으로써 남을 비방하는 발언을 하고 싶지는 않을 것이다. 따라서, 되도록 자신의 힘으로는 불가항력적이었던 최근의 문제 상황을 이야기하라. 상황에 대해 간략히 언급한 후 그에 대해 무엇을 배웠는지를 중점적으로 말하면 된다.
		② 이 질문에서 중요한 것은 당신이 과거에 당면한 문제 상황을 통해 어떤 교훈을 얻었는가다. 따라서 문제 자체가 아닌, 자신이 얻은 교훈을 중심으로 말하면 된다.
		③ 면접관은 절대로 당신의 적이 아니다. 이것을 명심하라. 이런 짓궂은 질문을 하더라도 면접관은 당신으로부터 긍정적인 대답을 기대한다.

⑥ 당신은 10점 만점에 몇 점 정도 된다고 생각합니까?	②	① 이 질문은 그렇게 교묘한 추측이 필요한 질문은 아니다. 물론 10점으로 대답한다면 너무 건방지게 보일 수는 있다. 그렇다고 너무 낮은 점수로 대답한다면 자신감이 부족한 것처럼 보일 수도 있다. 따라서 가장 잘 대처하는 방법은 직접적인 숫자로 대답하는 것을 피하는 것이다. 이런 식으로 말하라. "물론 저는 어떤 일을 할 때에나 10점을 추구하는 편입니다. 그리고 제가 _____할 경우, _____를 한다면 전 스스로 만족하는 편입니다."
		② 정답. 면접관은 당신으로부터 바로 이러한 태도를 원한다.
		③ 면접관은 이런 의도를 가지고 당신에게 질문한 것이 아니다. 당신 스스로가 매사에 얼마나 완벽하게 성취하려고 노력하는지를 알고 싶은 것이다.
⑦ 당신의 가장 큰 단점은 무엇입니까?	②	① 면접관은 이런 의도를 갖고 있지는 않다. 면접관은 당신을 당황시킨 다음, 당신이 어떻게 그 상황을 잘 다루는지를 가늠해보기 위해서 이런 질문을 한 것이다. 이렇게 부정적인 질문을 받은 상황을 오히려 자신의 장점을 내세울 수 있는 기회로 전환시킬 수 있는지를 보기 위해서다. 이에 대한 가장 일반적인 대답은 "전 너무 완벽주의자입니다"이지만 자신에게 맞는 더 좋은 답변을 생각해보길 바란다.
		② 정답. 이런 질문을 받았을 경우, 자신의 아주 치명적이지 않은 단점들을 생각해 보고, 그 단점을 장점으로 승화시키기 위한 노력을 해서 성공한 경험을 떠올려 보라. (예: "전 주변 환경이 산만할 때 한꺼번에 여러 가지 일을 하는 것을 어려워하는 편입니다. 그러나 여러 가지 일의 마감 기일이 겹쳐진 경우들도 경험해 보아서 이젠 나름대로 이런 상황들도 잘 극복할 수 있다고 봅니다.")
		③ 면접관은 당신을 일부러 당황하게 해서 그 상황을 즐기는 사람들이 아니다. 단지 당신이 곤란한 상황에 어떻게 대처할 수 있는가를 가늠해 보기 위해 이러한 질문을 하는 것이다.
⑧ 5년 후에는 어떤 일을 하고 싶습니까?	③	① 물론 면접관은 이 점도 부분적으로는 알고 싶어한다. 그러나 면접관이 이 질문을 통해 알고 싶어하는 것은 당신을 채용함으로써 당신과 회사 모두가 각자 원하는 바를 달성할 수 있을지의 여부다.
		② 물론 면접관은 이 점도 부분적으로는 알고 싶어한다. 따라서 당신이 이 직무를 통해서 성취하고 싶은 것과 배우고 싶은 점을 강조하고, 이런 경험들이 몇 년 후 당신 자신이 바라는 위치에 도달하는 데에 도움이 될 것으로 생각한다고 말하라. 물론 5년 후에 어떠한 역할이나 직무상의 책임을 맡고 싶다고 대답할 수 있다. 그러나 구체적인 직급(직위)를 언급하거나, 현재 지원하는 회사와 전혀 관계없는 업종명을 거론하는 것은 피하여야 한다.
		③ 정답.

⑨ 당신이 경험한 상사 중 가장 나쁜 상사에 대해 이야기해 보시오.	①	① 정답. 면접관이 관심을 가지는 사람은 그 나쁜 상사가 아닌 바로 당신이다. 따라서 과거에 경험한 나쁜 상사에 대해 구체적으로 언급하는 대신에, 당신이 다양한 직장내 인간관계를 통하여 얻은 교훈을 중점적으로 말하여야 한다.
		② 그런 상사에 대해 직접 험담하는 것은 피하라. (예: "전 지독한 상사 몇 분들과 같이 일해 보면서 관리자의 유능한 스킬이란 무엇인지에 대해 생 각해 볼 기회를 가졌습니다. 또한 한 분의 상사와 같이 일하더라도 업무 의 특성에 따라 그 분의 니즈가 바뀔 경우 제 업무 스타일도 같이 바꾸어 야 할 때도 있었습니다. 이를 통해서 저는 커뮤니케이션이 얼마 나 중요한 지를 알 수 있었습니다.")
		③ 이 회사의 상사들의 성향은 중요한 문제가 아니다. 당신이 다양한 상사와 일하면서 업무 중 곤란한 상황을 겪었을 때(예: 상사가 지시한 업무의 마감 기일이 변경되었을 때, 상사가 제대로 필요한 자원을 지원해 주지 못했을 때), 당신이 어떻게 슬기롭게 그 상황을 극복했는지를 중점적으로 말하라.
⑩ 올해 나이가 어떻게 되십니까?	③	① 물론 면접관은 당신이 이 직무를 담당하기에는 나이가 좀 많다고 생각할 수도 있다. 따라서 당신에게 직접적으로 나이가 얼마인지 물어보았을 수도 있다. 이럴 경우에는 다음과 같이 무난하게 대답하는 것이 좋다. "전 나름대로 오랫동안 업무 경험도 탄탄하게 쌓았지만, 한편으로는 이 회사에서 앞으로 오랫동안 능률적으로 일할 만큼 충분히 젊다고 생각합니다."
		② 면접관은 이렇게 또 다른 의도를 가지고 질문한 것은 아니다.
		③ 정답. 면접관은 말 그대로 당신의 나이를 알고 싶은 것이다.

* 출처: 정철영 외(2006).

(3) 대표적인 면접 질문

① 자기소개
- 3분 동안 자기 PR을 해 보십시오.
- 자신의 장점을 3가지 말해 보십시오.
- 당신의 장점과 단점을 2가지씩 말해 보십시오.
- 당신은 어떤 개성이 있습니까?
- 특기가 무엇입니까?

- 리더십이 있는 편이라고 생각합니까?
- 협동심이 있는 편입니까?
- 친구가 많은 편입니까?
- 당신에게 최근에 누군가 의논한 내용을 말해보시오.
- 대인관계를 잘 유지할 자신이 있습니까?
- 사람들과 이야기하는 것을 좋아합니까?
- 사람들과 있을 때 주로 어떤 역할을 합니까?
- 어떤 스타일의 사람과 잘 어울립니까?
- 형제관계가 어떻게 됩니까?
- 지금까지 좌절감을 맛본 경험이 있으면 말해 보십시오.
- 물건 파는 일도 자신이 있습니까?
- 일을 시작하면 끝까지 합니까?
- 당신은 어떤 습관이 있습니까?

② 지망동기
- 우리 회사를 지망한 이유를 말씀해 주십시오.
- 회사를 선택할 때 기준은 무엇인가요?
- 우리 회사에 대하여 알고 있는 것을 말씀해 주십시오.
- 다른 회사에도 응시했습니까?
- 우리 회사에 채용이 안 되면 어떻게 하실 겁니까?
- 우리 회사와 다른 회사 모두 붙으면 어떻게 할 겁니까?
- 우리 회사를 결정하기 위하여 누구와 의논했습니까?
- 추천인과는 어떤 관계입니까?
- 우리 회사 같은 중소기업을 택한 이유는 무엇입니까?
- 왜 지방 기업에 취직하려고 합니까?

• 우리 회사의 장점과 단점을 아는 대로 말씀해 주십시오.

• 올해 생산한 우리 회사제품은 무엇입니까?

③ 직업관

• 당신에게 직업은 어떤 의미를 갖습니까?

• 입사하면 어떤 일을 하고 싶습니까?

• 희망 부서에 배치되지 않을 경우에는 어떻게 하겠습니까?

• 어떤 일이 적성에 맞는다고 생각합니까?

• 당신의 특성을 일에서 어떻게 살릴 계획입니까?

• 희망하는 근무지가 있습니까?

• 시간외 근무가 가능합니까?

• 휴일근무를 어떻게 생각합니까?

• 일과 개인 생활 중 어느 쪽을 중시합니까?

• 격주 휴무제에 대해 어떻게 생각합니까?

• 입사 후 다른 사람에게 절대로 밀리지 않을 자신이 있는 영역은 무엇입
 니까?

• 회사에 대해 묻고 싶은 것이 있습니까?

• 신입사원으로서 신경 써야 할 것은 어떤 것이라고 생각합니까?

• 우리 회사에서 언제까지 근무할 생각합니까?

• 어디까지 승진하고 싶습니까?

• 어떤 사람을 상사로 모시고 싶습니까?

• 첫 월급을 타면 무엇을 할 것입니까?

• 몇시에 출근할 계획입니까?

• 학생과 사회인의 차이점은 무엇이라고 생각합니까?

• 상사와 의견이 다를 때는 어떻게 하겠습니까?

• 비즈니스 사회에서 가장 중요한 것은 무엇이라고 생각합니까?

④ 대학생활, 친구

• 학창 시절에 무엇엔가 열중했던 것이 있었습니까?

• 무엇을 전공했습니까?

• 졸업논문의 주제는 무엇입니까?

• 학점이 좋지 않은데 이유가 무엇입니까?

• 대학 생활에서 얻은 것이 있다면 무엇입니까?

• 제일 좋아하는 과목은 무엇입니까?

• 동아리 활동은 무엇을 했습니까?

• 아르바이트를 한 적이 있습니까?

• 친하게 지내는 친구에 대해 이야기해 보십시오.

• 친구는 당신에게 어떠한 존재입니까?

• 친한 친구가 몇 명이나 있습니까?

• 친구들은 당신을 어떻게 보고 있습니까?

⑤ 일상적인, 인생관

• 지금 제일 원하는 것은 무엇입니까?

• 취미가 무엇입니까?

• 스포츠를 좋아합니까?

• 주량은 어느 정도입니까?

• 존경하는 사람은 누구입니까?

• 당신의 생활신조는 무엇입니까?

• 한 달에 용돈을 얼마나 씁니까?

• 돈, 명예, 일 중 어떤 것을 택하겠습니까?

- 휴일에는 시간을 어떻게 보냅니까?
- 기상시간과 취침 시간을 말해 주십시오.
- 최근에 읽은 책의 감상을 말해 주십시오.
- 신문은 어느 면부터 봅니까?
- 최근에 흥미 있는 뉴스는 무엇입니까?
- 건강관리를 위해 어떤 것을 하고 있습니까?
- 요즘 젊은 사람에 대해 어떻게 생각합니까?

⑥ 일반상식, 시사
- 마케팅에 관해 설명해 보십시오.
- 무역마찰의 해소는 어떻게 해야 한다고 생각합니까?
- 기업의 사회적인 책임에 대해서 말씀해 주십시오.
- 금융 자유화를 어떻게 생각합니까?
- 딜링에 관해 알고 있습니까?
- 환경 보호에 대해 어떻게 생각합니까?
- G.M.T.와 L.M.T.에 대해 설명해 주십시오.

⑦ 여성응시자
- 여성으로서 경영자가 되고 싶습니까?
- 몇 년 정도 근무할 생각입니까?
- 여성으로서 이 회사에 기여할 부분이 무엇이라고 생각합니까?
- 집이 멀어도 상관이 없습니까?
- 남녀고용 평등법을 어떻게 생각합니까?
- 회사에서의 여사원의 역할을 어떻게 생각합니까?
- 애인이 있습니까?

• 남녀 교제에 대해 생각을 말해 주십시오.

• 화장하는 데 얼마나 걸립니까?

• 결혼하면 직장은 어떻게 할 겁니까?

• 출산 휴가를 얼마나 원하십니까?

⑧ 뜻밖의 심술궂은 질문

• 이력서상에 1년 공백 기간이 있는데 무엇을 했습니까?

• 우리 회사에 맞지 않는 것 같은데요.

• 취직할 생각은 있는 겁니까?

• 지금 그 말을 지킬 수 있습니까?

• 열의가 느껴지지 않는데요?

• 결론이 무엇입니까?

* 출처: 이완규(2007)참조.

(4) 업종별 면접 출제 문제(순천향대학교, 2004) 참조

지원하는 업종에 따라 면접대비 요령이 달라져야 하다. 예를 들어 광고업계는 재치 있는 답변을 요구하는 질문이 많고, 서비스업은 세련된 매너를 중시하는 등 업종마다 핵심 영역이 있으므로 사전에 반드시 확인하자. 해당 기업 인터넷 사이트에 들어가 기업 문화를 점검하고 해당 업종에 근무하는 선배들의 경험담을 충분히 들어두는 것이 좋다.

① 공무원

– 공무원이 되고자 하는 이유는?

– 공직자로서 갖추어야 할 덕목을 세 가지 말해 보시오.

– 민원 담당 공무원의 기본요건은 무엇이라고 생각합니까?

- 현재 국민이 공무원에게 요구하는 것이 무엇이라고 생각합니까?
- 공무원의 전문성 제고방안에 대한 견해를 말해 보시오.
- 공무원의 의무는 무엇이라고 생각합니까?
- 오늘날 가장 시급히 해결해야 할 사회적 과제는 무엇이라고 생각합니까?
- 국가 발전을 위하여 공무원으로 자신이 할 수 있는 일은 무엇입니까?
- 정책 결정 및 행정 과정에서의 시민이 참여하는 것을 어떻게 생각합니까?
- 공무원에게 특히 강조되어지는 공직윤리는 무엇입니까?
- 공직사회 부정 비리의 원인과 그 대책 방향에 대해 말해 보시오.

② 무역회사

무역회사에서는 신속하면서도 정확한 일처리 능력을 중시한다. 면접에 앞서 외국어로 질문의 답을 미리 준비해 보는 것이 좋다. 또한 외국어 능력 테스트를 병행하는 경우가 많다.

- 자기를 PR 해 보시오.
- 당신은 무엇을 가장 소중히 생각합니까?
- 국제수지의 개선방안을 말해 보시오.
- 이 회사를 지원한 동기는 무엇입니까?

③ 언론사(방송사)

언론사에서는 끈질기다 싶은 만큼의 인내와 그를 뒷받침하는 노력, 현장 감각, 그리고 무엇보다 '끼'를 지닌 사람을 원한다. 언론사 내부의 직종마다 약간씩의 차이는 있겠으나, 언론사 면접은 언론인으로 성장해갈 가능성과 균형 감각이 있는 인재를 선발하기 위한 것이다.

• 방송사

- 최근 가장 재미있게 본 영화는 무엇입니까?

- 좋아하는 프로그램을 만들라고 하면 어떤 프로그램을 만들겠습니까?

- 방송업계를 선택한 이유는 무엇입니까?

- 앞으로 방송업계는 어떻게 되리라고 생각합니까?

• 신문사

- 신문은 어느 면부터 봅니까?

- 지금 자신의 주변에서 가장 관심 있는 화제는 무엇입니까?

- 최근에 가장 시선을 끈 뉴스는 무엇이었습니까?

- 우리 신문사의 어느 부서에서 어떤 부분을 취재하고 싶습니까?

④ 광고회사

광고회사에서는 창의력과 순발력이 필요하다. 광고회사의 면접은 어느 업계보다 새롭고 다양한 방식으로 이루어지기 때문에 면밀히 준비하는 것이 좋다. 광고회사의 면접은 대부분의 질문에서 순간적인 아이디어 창출능력을 보려는 의도가 많이 깔려있다. 가령 '브랜드 광고 문구를 즉석에서 만들어 보라'와, '즉석에서 브랜드 광고 콘티를 짜 보시오'와 같은 경우, 이럴 때 번뜩이는 대치를 마음껏 발휘하면 당신은 곧 훌륭한 '광고인'의 길을 걸을 수 있을 것이다.

- 왜 하필이면 광고업계를 선택했습니까?

- 좋아하는 광고는 무엇입니까?

- 지금 생각나는 광고 문구를 한 가지 말해보시오.

⑤ 백화점 등 유통업계

- 매장에서 일할 자신이 있습니까?

－우리 회사의 매장을 둘러본 느낌은 어떻습니까?

－유통업계를 선택한 이유는 무엇입니까?

－손님을 맞을 때 가장 중요한 것이 무엇이라 생각합니까?

⑥ 건설회사

건설회사 관리직을 보면, 리더십에 관한 질문이 반드시 포함된다. 모든 건설공정이 조직적으로 이루어지기 때문에 건설회사에서의 관리직 사원의 채용면접은 모든 계층의 인력을 총괄하고 리드해갈 수 있는 역량 점검에 면접의 중점이 있다.

－건축과 관계있는 일을 해 본 경험이 있습니까?

－건축은 크게 내부에서의 업무와 현장에서의 업무 중 어느 쪽이 마음에 듭니까?

－당신이 좋아하는 건축가는 누구입니까?

⑦ 보험회사

보험회사의 성패는 인력관리에 있다. 그만큼 보험회사는 인력이 중요하다. 그래서 인력채용에 있어서 지원자의 말투나 음성, 상대방을 설득할 수 있는 재치, 활동성을 눈여겨 본다.

－보험이란 무엇인지 알고 있는 대로 말해 보시오.

－야근이 많은 편인데 어떻게 생각합니까?

－대인관계에 있어 상대방에게 호감을 주려면 어떤 태도가 필요하다고 생각하십니까?

⑧ 은행

－은행의 사회적 책임은 무엇이라고 생각합니까?

- 원화는 앞으로 어떻게 되리라고 생각합니까?
- 은행업계를 선택한 이유는 무엇입니까?

⑨ **자동차 판매 회사**

- 운전에는 자신이 있습니까?
- 처음 대면하는 사람과 부드럽게 대화할 자신이 있습니까?
- 우리 회사의 신형차에 대해 그 특징을 설명해 보시오.
- 우리 회사의 신형차에 대해 어떻게 생각합니까?

⑩ **제조업**

- 우리 회사의 제품을 어떻게 생각합니까?
- 우리 회사의 광고 중 기억에 나는 제품이 무엇입니까?
- 공장에서도 근무할 수 있습니까?

⑪ **증권사**

- 인플레이션이 진행될 때 이득을 보는 계층은 누구입니까?
- 경제신문을 즐겨봅니까?
- 왜 증권회사를 입사하시려고 하십니까?

⑫ **항공사**

- 지금 가장 가보고 싶은 나라는 어디입니까?
- 우리나라에 처음 온 외국인을 안내해야 한다면, 어디를 안내하겠습니까?
- 당신에게 여행을 기획하라고 하면 어떤 기획안을 내놓겠습니까?
- 지금까지 여행을 한 곳 중에서, 가장 감동받은 곳은 어디입니까?

(5) 면접심사 대비사항

① 지원회사에 대한 사전지식

- 면접시험을 대비해 사전에 자기가 지원한 계열사 또는 부서에 대해 정보를 수집한다.
- 지원회사에 대해 알아두어야 할 사항
  - 회사의 연혁
  - 중역들의 이름과 인적 사항
  - 회장 또는 사장이 요구하는 신입사원의 인재상
  - 회사의 사훈, 경영이념, 창업정신
  - 회사의 대표적 상품, 특색
  - 신개발품에 대한 기획 여부
  - 자기 나름대로의 그 회사를 평가할 수 있는 장 · 단점
  - 업종별 계열회사의 이름, 특징
  - 해외지사의 수와 그 위치, 특징
  - 회사의 잠재적 능력개발에 대한 대안

② 회사의 요구사항

회사에서 내게 요구하는 보유 기술/지식 수준이나 직무능력 수준 등을 미리 파악한다.

③ 자기 이해

나에게 요구되는 직무 관련 경험을 정리하고, 내게 적합한 일인지, 부족한 부분은 무엇인지를 미리 생각해 둔다.

④ 모의 면접

면접에서의 예상 질문을 생각해 보고, 그 대답을 미리 준비해 연습해 본다.

⑤ 충분한 수면

충분한 수면으로 안정감을 유지하고 첫 출발의 신선한 마음가짐을 갖는다.

⑥ 용모

첫인상은 면접에 있어서 가장 결정적인 당락요인이다. 면접관에게 좋은 인상을 줄 수 있도록 화장하는 것도 필요하다. 면접관들이 가장 좋아하는 인상은 얼굴에 생기가 있고 눈동자가 살아 있는 사람, 즉 기가 살아 있는 사람이다.

⑦ 최근 시사

그날의 뉴스가 질문대상에 오를 수가 있다. 특히 경제면, 정치면, 문화면 등을 유의해서 보아둘 필요가 있다.

* 출처: 김용환(2006) 참조.

(6) 성공면접을 위한 옷차림

① 지원회사의 스타일을 알아라.

- 남과 다르게 보이는 것이 나쁘지는 않지만 너무 튀는 것은 역효과를 가져온다. 회사에 대한 파악이 이루어지고 나면 어느 정도 자신의 개성을 표현하는 것도 나쁘지 않지만 일단 목적에 대한 우선순위를 분명히 할 필요가 있다. 첫 번째 면접이라면 그 회사의 직원들과 비슷한 스타일의 옷을 입어라. 면접 전에 지원하는 회사에 가서 회사의 분위

기를 파악하는 것이 도움이 된다.

② 가능한 한 단정하고 깨끗한 모습을 유지하라.

- 때나 구김이 잘 가지 않는 옷감을 선택하고, 식사를 하거나 음료를 마실 때 특별한 주의를 기울여서 면접이 끝날 때까지 단정한 모습을 유지하도록 한다.

③ 지원하는 회사에 가서 그 회사의 분위기를 파악했다면, 그 중에 옷을 잘 입은 사람들의 수준에 옷을 맞춰 조금 더 보수적으로 입자.

- 면접을 성공으로 이끌기 위해서는 면접관으로부터 신용과 동의를 얻어야 한다. 보수적인 옷차림이 면접관들로 하여금 당신을 보다 더 심각하게 받아들이게 하며 전문성을 돋보이게 한다. 야하거나 지나치게 번지르르한 옷차림은 면접관들로 하여금 전문성에 대한 의심을 갖게 한다.

④ 건강하게 보이도록 옷을 입자.

- 사실 같은 옷이라도 늘씬하고 균형 잡힌 사람이 입었을 때 훨씬 돋보인다. 건강을 위해서라도 규칙적인 운동과 식생활을 통해 균형 잡힌 몸을 유지하도록 하자.

⑤ 만약에 한 벌의 정장밖에 없다면, 짙은 감색(거의 검정에 가까운)이어야 한다.

- 짙은 감색 정장은 면접에 있어서 지원자의 신뢰성을 가장 강조해 주는 옷이며 전문성, 성공, 확실성을 나타내는 색상이다.

⑥ 셔츠나 블라우스로는 흰색이 가장 압도적이다.

- 이는 결백함과 믿을 수 있음을 나타낸다. 옅은 파란색이나 크림색도 괜찮다. 아시아에서는 반팔 셔츠를 입는 경우가 많은데, 이는 서양에서는 격식을 차리지 못한 옷차림으로 받아들여진다. 면접관이 외국인인 경우에는 이 점에 주의하여야 한다.

⑦ 신발은 항상 정장보다는 짙은 색이어야 한다.
- 검정색이 가장 무난하다. 한국인이 가장 간과하는 부분은 양말이다. 양말은 구두와 같은 색이거나 구두와 바지의 중간색이 좋다. 정장차림에 흰색이나 밝은 회색의 면양말은 서양에서는 '무좀 걸린 사람을 위한 양말'로 인식되기 때문에 불쾌한 인상을 줄 수 있다.

⑧ 편안한 옷을 입고 자신감을 갖자.
- 당신의 옷차림은 무엇보다도 당신이 지원하는 포지션 그리고 일에 대한 확실성, 자신감, 전문성의 상징이 되어야 한다. 당신이 자신에 대해 어떻게 느끼는지는 무언의 표현으로 면접관에게 일일이 전달된다.

⑨ 유행에 민감한 옷차림은 당신이 남의 시선을 지나치게 의식하는 의존적인 사람으로 인식되게 할 수 있다.
- 클래식하고 간결한 옷차림은 신뢰성을 부각시킬 뿐 아니라 유행과 상관없이 입을 수 있으니 경제적이기도 하다.

* 출처: 머니투데이(http://www.mt.co.kr).

4) 면접심사 금기사항

- 지각은 절대금물이다.
  - 10분 내지 15분 정도 일찍 도착하여 회사를 둘러보고 환경에 익숙해지는 것이 필요하다.
- 앉으라고 할 때까지 앉지 말라.
- 옷을 자꾸 고쳐 입지 말라. 침착하지 못하고 자신 없는 태도처럼 보인다.
- 시선을 다른 방향으로 돌리거나 긴장하여 발장난이나 손장난을 하지 말라.
- 응답시 너무 오래 끌지 말고 답하라.

- 질문이 떨어지자마자 바쁘게 대답하지 말라.
- 혹시 잘못 대답하였다고 해서 혀를 내밀거나 머리를 긁지 말라.
- 머리카락에 손대지 말라.
- 인사관리자 책상에 있는 서류를 넘겨보지 말라.
- 농담을 하지 말라.
- 대화를 지루하게 끌지 말라.
- 천장을 쳐다 보거나 고개를 푹 숙이고 바닥을 내려다 보지 말라.
- 자신 있다고 큰 소리로, 빨리, 많이 말하지 말라.
- 면접위원이 서류를 검토하는 동안 말하지 말라.
- 동종업계나 라이벌 회사에 대해 비난하지 말라.
- 과장이나 허세로 면접위원에게 부정적인 느낌을 주지 말라.
- 최종 결정이 이루어지기 전까지 급여에 대해 언급하지 말라.
- 은연중에 연고를 과시하지 말라.
- 화려한 색상의 의상과 짙은 화장은 피한다. 특히 외국계 기업의 면접에
  서는 갈색 양복과 흰 양말은 결례다.

* 출처: 이완규(2007).

5) 면접 시 자세

① 면접관 사로잡기
- 지원한 회사에 대해 100% 이해하라.
- 자기 자신을 객관적으로 평가하라.
- 친밀감과 신뢰를 구축하라.
- 면접기간 동안 대화의 흐름을 유지하라.
- 상대방의 말을 성실하게 들어라.

② 면접관을 사로잡는 화법

- 간단 명료, 천천히, 또박또박, 차분한 어조를 사용하라.
- 질문을 파악하지 못했을 때는 질문을 재확인하여 정확히 답변하라.
- 주관 있게 답변하라.
- 가급적이면 표준어를 사용하라.
- 난처한 질문을 받았을 때는 긴장하지 말고 위트로 넘기거나 "지적해 주셔서 감사합니다." 등의 말로 감사를 표명하라.
- 모르는 질문을 받았을 때는 솔직한 대답이 최고다.
- 외래어, 반말, 속어, 은어 사용을 삼가하라.

* 출처: 워크넷(http://www.work.go.kr).

면접 10계명

면접 전에 지원한 기업에 다니는 직원을 꼭 만나라.

부드러운 첫인상을 만들어라.

눈빛을 살려라.

입꼬리를 올려 미소지어라.

걸음걸이와 앉은 자세는 곧고 당당하게 하라.

당황스러운 질문이면 잠시 생각하고 말하라.

긴장을 풀기 위해 호흡을 가다듬어라.

깔끔하고 단정한 옷차림을 하여라.

자신 있는 말투로 대답하라.

불필요한 제스처를 삼가라.

---

* 출처: 워크넷(http://www.work.go.kr).

6) 헤드헌터가 말하는 성공 취업 전략

(1) 가고 싶은 회사에 대한 열정적인 마음

꼭 가고 싶은 회사라면, 그 회사와 '뜨거운 사랑에 빠져라'. 사랑에 빠진 사람의 눈빛을 기억하는가? 이 세상의 그 어떤 빛보다 아름다운 빛으로 반짝이는 그 두 눈을. 이 지구상의 모든 면접관이 그대의 '특별한 빛으로 반짝이는 두 눈'에 가장 좋은 점수를 줄 것이다.

(2) 회사 정보 수집

면접을 갈 회사에 대해서는 반드시 주변의 모든 네트워크(웹사이트, 선후배, 친척 등)를 총동원하여 정보를 최대한으로 모아야 한다. 최소한 회사의 웹사이트만은 꼭 읽어 보고 가자.

(3) 정보의 정리와 분석

이런 과정을 거치고 나면 면접할 회사의 장점과 단점, 또 그 회사의 장래성 등이 웬만큼 드러나게 된다. 그러면 그 회사의 장점과 단점에 대하여 정리한 후에 나름대로의 전략을 생각하고 메모하고 인지한다.

(4) 희망 직무 연구

그 다음에 매우 중요한 것은 후보자가 지원한 자리(Position)에 대한 집중적인 연구다. 아무리 회사에 관련된 좋은 정보가 많고 또 장점이 많은 회사라도 본인이 갈 자리에 대해서 자세히 모르면 실패하기가 쉽다. 본인이 응모한 자리에 대하여 정확한 직무설명서(Job Description)를 입수하여 어떠한 예상 질문이 나올지를 대비하라.

(5) 철저한 인터뷰 준비

인터뷰란 가장 짧은 시간에 가장 효과적으로 자기 자신을 판매해야 한다는 사실을 잊지 말아야 한다. 또 한편으로 크게 봐서는 인생이라는 무대에서 그날 그 시간만의, 오직 단 한 번의 '특별무대'라는 것을 인식하자. 그 짧고 소중한 기회는 다시는 오지 않을 무대이기에 자신의 몸과 마음을 다해 최선을 다하라.

(6) 자기능력 소개

경력자 면접의 경우, 시간이 허락한다면 위에 나온 두 번째와 세 번째 사항을 정확히 파악하여 깔끔한(간결하면서도 쉬운) 내용의 자기능력소개서(Presentation Material)를 준비하도록 한다. 때때로 특별 점수를 후하게 받을 수도 있다.

(7) 긍정적 응답의 효과

첫 번째로 중요한 것은 면접관들의 단골 함정 질문들에 대한 대비책을 마련하는 것이다. 경력자의 경우 '왜 먼저 기존 회사를 그만두었는가(또는 그만두려하는가)'라는 질문이다. 이때 험담이나 부정적 내용의 답변은 피하는 것이 좋다. 반드시 긍정적 답변들을 미리 생각해 놓도록 한다.

두 번째 '지금 하고 있는 일에 대해 자세히 말해 달라'는 질문이 있을 것이다. 보통 면접은 긴장된 순간이기 때문에 이런 간단한 질문에 대해서도 답변을 제대로 못하는 수가 있다. 반드시 철저한 준비를 해 가자. 잘 외우고 미리 리허설까지 해 보자.

세 번째는 마음의 여유가 있을 때는 질문하고 싶은 것이 있으면 물어보라고 할 수 있다. 회사의 미래 비전에 대한 것 정도의 질문은 OK다. 그러나 휴가나 복리후생 등에 대한 질문은 '절대 금물'인 것을 기억하라.

* 출처: 조선일보(http://www.chosun.com).

참/ 고/ 문/ 헌

강은주(2005). 글쓰기치료에 관한 이론적 고찰. 총신대논총, 25.

고미영(2004). 이야기 치료와 이야기의 세계. 서울: 청목출판사.

고향자(1992). 한국 대학생의 의사결정유형과 진로결정수준의 분석 및 진로결정 상담의 효과. 숙명여자대학교 대학원 박사학위 논문.

김동기(1997). 신직장인론. 서울: 비북스.

김병숙 · 김소영 · 박선주(2007). 청소년의 진로신화 연구. 진로교육연구, 20(2).

김봉환 · 김계현(1995). 진로 미결정에 관한 연구동향과 향후의 연구과제. 한국심리학회지 상담 및 심리치료, 7(1).

김봉환 · 김병석 · 정철영(2002). 학교진로상담. 서울: 학지사.

김승옥(1994). 한국 청소년 정신건강에 관한 연구. 단국대학교 대학원 석사학위논문.

김용환(2006). (상대를 사로잡는) 면접의 기술. 서울: 버들미디어.

김흥국(2002). 경력개발의 이론과 실제. 서울: 다산출판사.

김희수(2005). 인지행동 치료를 적용한 진로 상담의 효과 연구. 파주: 한국학술정보.

김희수(2008). 제3기 직업상담심화과정자료집. 직업가계도의 작성과 해석. 한국노동교육원.

김희수 · 이윤우(2011). 여성용 직업카드: 대학생 및 성인용: 전문가 지침서. 서울: 학지사 심리검사연구소.

부산대학교 여성연구소(2009). 여성과 직업. 서울: 시그마프레스.

송병일 · 박영주(2005). 직업진로설계와 취업전략. 서울: 학지사.

순천향대학교(2004). Click! 성공취업. 충남: 순천향대학교.

신선미, 정경아, 구정화(2008). 여대생의 직업세계 인식 실태조사. 서울: 한국여성정책

연구원.

양유성(2004). 이야기 치료. 서울: 학지사.

유광찬 · 박영무 · 김인숙 · 김은정 · 장인실 · 조영남 · 이환기 · 박경묵 · 이규은 · 진
영석 · 정태근 · 장미옥(2007). 특별활동과 재량활동의 탐구. 서울: 교육과학사.

윤치영(2004). 면접, 하루 전에 읽는 책. 서울: 팜파스.

이기학 · 한종철(1998). 고등학생의 진로태도성숙과 개인적 특성 및 심리적 변인들과
의 관계. 한국심리학회지 상담 및 심리치료, 10(1).

이봉희(2007). 저널치료 [보내지 않는 편지]를 통한 관계의 치유. 지성과 창조 10호.

이상로 · 변창진 · 진위교 역음(1969). 표준화성격진단검사 실시요강. 서울: 중앙적성연
구소.

이영식(2006). 독서치료 어떻게 할 것인가. 서울: 학지사.

이완규(2007). 취업면접, 이렇게 나온다!. 서울: 시대고시기획.

이윤우(2010). 여자대학생의 진로탐색활동을 위한 직업카드개발. 건국대학교 박사
학위논문.

이은철(2006). 튀는 인재의 이력서와 자기소개서. 서울: 새로운사람들.

이장희 · 정병식(2004). 직업세계의 이해: 직업선택과 취업전략. 서울: 대왕사.

이정근(1989). 진로지도의 실제. 서울: 성원사.

이현겸(2007). 진로상담. 서울: 양서원.

이현림 · 김봉환 · 김병숙 · 최웅용(2007). 현대진로상담. 서울: 학지사.

임두순(2000). 진로 상담과 진로 교육. 서울: 원미사.

장정현(2008). 청소년의 스트레스와 정신건강: 희망감의 완충효과. 경남대학교 교육
대학원 석사학위논문.

전진수 · 김완석(2000). (직업상담을 위한) 심리검사. 서울: 학지사.

정석용 · 이규은(2009). 자기계발과 직업. 서울: 동문사.

정철영 외(2006). 대학생을 위한 직업지도 프로그램. 중앙고용정보원.

정효경(2008). 사실은 대단한 나: 인생의 로드맵을 디자인하는 행복한 커리어 혁명. 서울:
홍익출판사.

조휘각 · 오기성 · 시옥진(2006). 삶과 직업윤리. 경기: 양서원.

중앙 적성 연구소(1969). 표준화 성격 진단 검사 실시 요강.

지용근 · 김옥희 · 양종국 · 김희수(2009). 진로상담의 이해. 서울: 동문사.

커리어 다음(2005). (한방에 통하는) career 취업면접. 서울: 박문각.

한국교육개발원(1992). 진로성숙도검사 표준화 연구. 서울: 한국교육개발원.

한국노동연구원(2000). 21세기 노동시장정책. 서울: 한국노동연구원.

Adams, K. (2006). 저널치료의 실제(강은주, 이봉희 공역). 서울: 학지사. (원전은 1998년에 출판)

Adams, K. (2006). 저널치료(강은주, 이봉희 공역). 서울: 학지사. (원전은 1990년에 출판).

Allport, G. W. (1937). Personality: *A psychological interpretation*. New York: holt, Rinehart & Winston.

Anne Roe & Marvin Siegelman. (1964). *The Orgin of Interest*. Washington. D.C.: American Personnel & Guidance Association.

Berlin, J. (1987). *Rhetoric and reality: Writing insturction in American colleges*. Carbondale: Southern Illinois University Press.

Chartrand, J. M., & Camp, C. C. (1991). Advances in the Measurement of Career Development Constructs: A 20-year review. *Journal of Vocational Behavior, 39*.

Dagley, J. (1984). *A Vocational Genogram*. (Mimeographed.) Athens. GA: School of Education, University of Georgia.

Ellis, A. (1979). The Issue of Force and Energy in Behavioral Change. *Journal of Contemporary Psychotherapy, 10*(2).

Ellis, A. (1989). Rational emotive therapy. Chapter 6. In R. J. Corsini, & D. Wedding (Eds.), *Current Psychotherapies* (4th ed.). Itasca, IL:F. E. Peacock.

Fox, J. (2005). 시 치료(최소영, 김예리, 김효재, 박성연, 신희정, 윤수민, 임성관, 조영주, 조은상). 서울: 시그마프레스. (원전은 1997년에 출판).

Gardner, H. (1983). *Frames of mind: The theory of multiple intelligence*. New York: Random House.

Gardner, H. (1993). *Creation minds*. New York: Basic Books.

Gelatt, H. B. (1962). Decision making: A conceptual frame of reference for counseling. *Journal of Counseling Psychology, 9*.

Glasser, William. (1996). 결혼의 기술(우애령 역). 서울: 한양출판. (원전은 1995년
　　에 출판).

Gusbers, Norman C., & Moore, Earl J. (1995). 진로상담: 기술과 기법(김충기, 김
　　병숙 공역). 서울: 현민시스템. (원전은 1987년에 출판).

Harren, V. H. (1984). A model of career decision-making for college students.
　　J. of Vocational Behavior, 14.

Hartung, P. J. (1999). *Interests assessment using card sorts*. Palo Alto, CA:
　　Davies-Black.

Holland, J. L. (1992). Making vocational choices: Atheory of vacational
　　personalities and work environment. Englewood Cliffs. NJ: Prentice-Hall.

Holland, J. L., & Holland, J. E. (1977). Vocational Indecision: More Evidence
　　and Speculation. *Journal of counseling psychology*, 24.

Hoyt, K. B. (1973). What the future holds for the meaning of work. *American
　　Vocational Journal, 48*(1).

Jones, L. L., & Chenery, M. F. (1980). Multiple Subtype among Vocationally
　　Undecided College Students: A Model and Assessment Instrument. *Journal
　　of Counseling Psychology*, 27.

Katz, M. R. (1963). *Decision and value*. New York: College Entrance Examination
　　Board.

Keynes, J. M. (1973). *The General Theory of Employment, Interest and Money*.
　　London Macmillan.

Kominars, S. B. (2008). 치유의 글쓰기(임옥희 역). 서울: 홍익출판사. (원전은 2007년
　　에 출판).

Liebert, M. A., & Liebert, L. L. (1998). *Personality: Strategies & issues*. Pacific
　　Grove: Brooks/Cole Publishing Company.

Maslow, A. H. (1970). *Motivation and personality*(rev ed). New York: Harper &
　　Row.

Moser, Helen P., Dubin, William & Shelshy, Irving M. (1956). A Proposal
　　Modification of the Occupational Classification. *Journal of Counseling
　　Psychology*, 3.

Okiishi, R. W. (1987). The genogram as a tool in career counseling. *Journal of Counseling and Development, 66.*

Osipow, S. H. (1980). *Manual for career decision scale.* Florida: Psychological Assessment Resources, Inc.

Osipow, S. H., Carney, C. G., Winer, J., Yanico, B., & Koschier, M. (1980). *The Career Decision Scale.* Columbus. OH: Marsthon Consulting and Press.

Peterson, G. W., Sampson, J. P. & Reardon, R. C. (1991). *Career development and services*: Acognitive approach. Pacific Grove, CA: Brooks/Cole.

Robbins, Stephen P. (2005). 의사결정: 오류, 개선, 그리고 성공적인 삶(이종구 역). 서울: 시그마프레스. (원전은 2003년에 출판).

Roe, A. (1956). *The Psychology of Occupations.* New York: Wiley.

Roe, A. & Siegelman, M. (1964). *The Origin of Interests.* Washington D.C: American Personnel and Guidance Association.

Stemberg, R. J. (1985). *Beyond IQ: A triarchic theory of human intelligence.* New York: Cambridge University Press.

Tyler, L. E. (1961). Research explorations in the realm of choice. *Journal of Counseling Psychology, 8*, 195-201.

다음취뽀카페 http://cafe.daum.net/breakjob

머니투데이 http://www.mt.co.kr

미국저널치료센터 http://www.journaltherapy.com

연합뉴스(2004. 7. 16.) 자기소개서 '요주의 7가지 유형'. 서울. http://www.yonhapnews.co.kr.

워크넷 http://www.work.go.kr

인크루트 http://www.incruit.com

조선일보(2003. 5. 8.). 주간 조선 취업이 보인다: 헤드헌터가 말하는 성공한 취업인의 7가지 전략. 서울. http://www.chosun.com

중앙적성연구소 http://www.cyber-test.co.kr

커리어넷 http://www.careernet.re.kr

찾/ 아/ 보/ 기

저자 소개

김희수(Kim, HeeSue)
서강대학교 국어국문학 학사
서강대학교 교육대학원 국어교육학, 상담심리학 석사
건국대학교 교육학과 교육심리학 박사
현 한세대학교 교수 및 심리상담대학원 학과장

〈대표 저 · 역서〉
좋은 학교를 만드는 비결(공역, 한국심리상담연구소, 1998)
왜 남과 자신을 비교하는가(공역, 사람과사람, 2001)
진로상담의 기술(공역, 시그마프레스, 2003)
진로와 직업(공저, 천재교육, 2003)
우울증 극복하기(공역, 사람과사람, 2004)
인간관계론(공저, 박영사, 2004)
교육심리학(공저, 박학사, 2004)
우울증 스스로 극복하기(공역, 사람과사람, 2005)
행동 치료를 적용한 진로 상담의 효과(한국학술정보, 2005)
新 교사 리더십 과정(공저, 한국교원연수원, 2008)
교육학 이해(공저, 동문사, 2009)
개정증보 진로상담의 이해(공저, 동문사, 2009)
선진 패러다임을 위한 진로교육의 이론과 실제(공저, 교육과학사, 2011)
진로상담(한국상담학회 상담학 총서 6, 공저, 서울: 학지사, 2013)
인간발달과 상담(한국상담학회 상담학 총서 8, 공저, 학지사, 2013)

〈대표 논문〉
REBT를 적용한 진로 집단 상담 프로그램이 대학생의 진로 발달에 미치는 효과(2002)
청소년의 지지수준과 스트레스, 자기개념, 진로발달의 구조모형 검증(2008)
여성의 직업만족 변인 연구(2009)
대학생의 부모−자녀 간 의사소통 및 진로결정 자기효능감이 진로의식에 미치는 영향(2011)
장애전문대학생들의 직업기초능력 분석에 따른 증진방안 모색(2011)
대학의 교과목을 통한 진로교육 프로그램이 직업기초능력 향상에 미치는 효과 연구(2012)
초등 고학년 아동의 자아존중감이 학교생활적응에 미치는 영향(2016)
청소년의 전문적 도움추구행동 특성 연구(2016)

대학생을 위한 진로교육지침서
자기이해와 진로탐색
Self Comprehension and Career Exploration:
Educational Gerontology: For, about, and by older people

2017년 2월 20일 2판 1쇄 발행
2021년 9월 15일 2판 3쇄 발행

지은이 • 김 희 수
펴낸이 • 김 진 환
펴낸곳 • (주) **학지사**

       04031 서울특별시 마포구 양화로 15길 20 마인드월드빌딩 5층

대표전화 • 02) 330-5114   팩스 • 02) 324-2345

등록번호 • 제313-2006-000265호

홈페이지 • http://www.hakjisa.co.kr
페이스북 • https://www.facebook.com/hakjisabook

ISBN 978-89-997-1112-1 93370

정가 **11,000원**

이 도서의 국립중앙도서관 출판시도서목록(CIP)은 서지정보유통지원시스템
홈페이지(http://seoji.nl.go.kr)와 국가자료공동목록시스템(http://www.nl.go.kr/kolisnet)
에서 이용하실 수 있습니다.
(CIP제어번호: CIP2016027692)

출판 · 교육 · 미디어기업 **학지사**

간호보건의학출판 **학지사메디컬** www.hakjisamd.co.kr
심리검사연구소 **인싸이트** www.inpsyt.co.kr
학술논문서비스 **뉴논문** www.newnonmun.com
원격교육연수원 **카운피아** www.counpia.com